JN293443

ガンディー

執筆
フィリップ・ウィルキンソン

翻訳
子安亜弥

装丁
松吉太郎デザイン事務所

ビジュアル版 伝記シリーズ

ガンディー

2009年7月20日　第1刷発行

発行者　工藤俊彰
発行所　B L出版株式会社
〒652-0846　神戸市兵庫区出在家町2丁目2-20
tel. 078-681-3111
http://www.blg.co.jp/blp

Japanese text © 2009 KOYASU Aya
NDC289 64p 26×19cm
Printed and bound in China　ISBN978-4-7764-0350-0 C8323

Gandhi by Philip Wilkinson
Edited and designed by Marshall Editions
Copyright © Marshall Editions 2005
All rights reserved.
The Japanese translation rights arranged with Marshall Editions
c/o Quarto Publishing through Japan UNI Agency, Inc. Tokyo

表　　紙◆モハンダス・ガンディー
Hulton Archive/Getty Images
前ページ◆ニューデリーのビルラ邸にて、ふたりの孫娘アバとマヌとともに
右ページ◆ボンベイ（ムンバイ）の海辺で孫のカナーと遊ぶガンディー

ガンディー

——インドを独立に導いた建国の父——

著＝フィリップ・ウィルキンソン　訳＝子安亜弥

BL出版

目 次

3

ふたたびインドへ

自由への闘い

4

少年時代のガンディー

1

宰相《さいしょう》の息子《むすこ》

1869年10月2日、インド西部のポールバンダルで、ひとりの男の子が誕生《たんじょう》した。男の子はモハンダス・カラムチャンド・ガンディーと名づけられた。当時のインドは、イギリスの植民地だった。だがこの日生まれた赤《あか》ん坊《ぼう》が、のちに祖国《そこく》を独立《どくりつ》に導《みちび》き、世界的に有名な指導《しどう》者となるのである。

イギリスの商人たちが、貿易《ぼうえき》のために初めてインドの地にわたったのは、17世紀のことだった。それからイギリスは、しだいにインド全体に支配《しはい》の手をのばすようになる。なんといってもインドには、豊富《ほうふ》な資源《しげん》があったからだ。1858年、イギリスは「総督《そうとく》」と呼《よ》ばれる役人を送りこみ、直接《ちょくせつ》インドを統治《とうち》しはじめた。ほかにも多くのイギリス人がそのために海をわたったが、インドは広大であることから、各地のインド人領主《りょうしゅ》たちの力も利用した。こうして領主は藩王《はんおう》として、ほぼそれまでどおり領土を治めながらも、イギリス人総督の命令にしたがわなくてはならなくなった。藩王は宰相と呼ばれる高官を任命《にんめい》し、領土の統治にあたらせた。

国がイギリスの支配下におかれることになっても、ふつうのインド人たちは、宗教《しゅうきょう》も日々の生活も、それまでとかわらない毎日をおくっていた。インド人の多くを占《し》めていたのはヒンドゥー

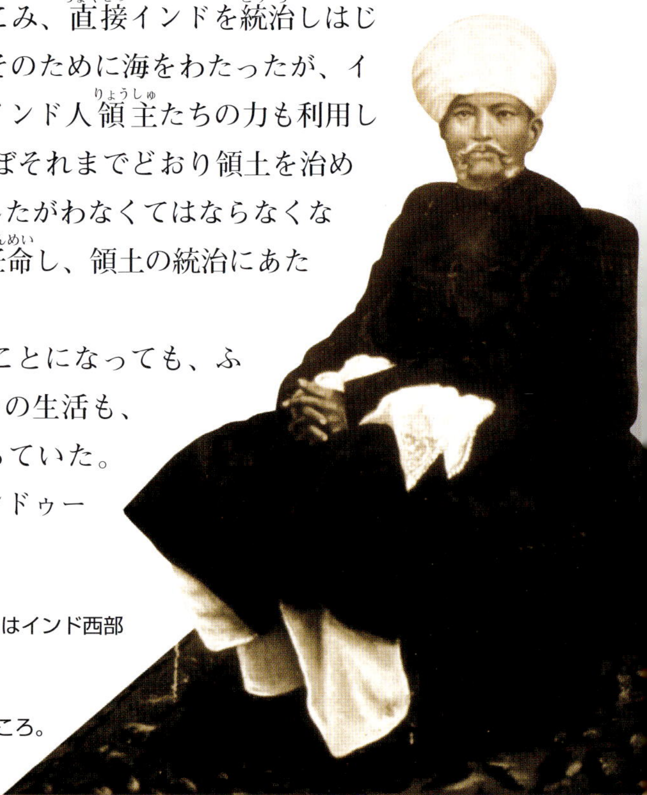

右◆ガンディーの父、カラムチャンド。着ているのはインド西部の役人の制服。

前ページ◆もっとも古いガンディーの写真。7歳のころ。

1757年

イギリス軍、プラッシーの戦いで勝利をおさめ、インド北東部のベンガル地方の支配権を手に入れる。

1857～58年

インド北部と中央部で、イギリスの支配に抵抗《ていこう》するインド人兵士と市民が反乱《はんらん》を起こすが、失敗に終わる。

17歳《さい》のころのガンディー（右）。
兄のラクスミダス（左）は法律《ほうりつ》を学び、官吏《かんり》になった。

教徒だったが、イスラム教徒も全体の20％近くいて、残りの人びとはそれ以外の宗教を信仰《しんこう》していた。しかしイギリスの支配下において、ふつうよりもずっと貧《まず》しい生活を強《し》いられるインド人たちもいた。

　ガンディーの一族はヒンドゥー教徒であり、父親のカラムチャンドは、ポールバンダル藩王国の宰相をつとめる有力な人物だった。母親のプタリバーイーはカラムチャンドの4番目の妻《つま》で、おさないガンディーはたくさんの兄や姉、おじ、おば、いとこたちといっしょに、広々とした邸宅《ていたく》に暮《く》らしていた。

　ガンディーの祖父《そふ》も、かつてはポールバンダルの宰相だった。藩王は宰相を選ぶときには、よく知っている家系《かけい》から選ぶことが多かった。だからガンディーの両親も、息子たちの誰《だれ》かひとりが宰相になってくれることを期待していた。

　宰相になるには、学校でいい成績《せいせき》をおさめるだけでなく、人とうまくつきあう才能《さいのう》が必要だった。しかしそれはガンディーにとって簡単《かんたん》なことではなかった。ガンディーはどちらかといえば、内気な子どもだった。それにおさないころは、幽霊《ゆうれい》を本気でこわがるほど神経質《しんけいしつ》なところもあったのだ。

カースト制

ヒンドゥー教にはカーストと呼ばれる身分制度《せいど》があった。これは人間をバラモン(僧侶《そうりょ》)、クシャトリヤ(王族・兵士)、ヴァイシャ(商人)、シュードラ(労働者)という４つの階層《かいそう》にわけるものだ。カーストの下にはさらに「不可触民《ふかしょくみん》」という最下層の身分があり、とりわけひどい差別をうけた。カーストは代々うけつがれ、かえることはできなかった。ガンディーの一族はヴァイシャ階級に属《ぞく》していた。だがその時代には、ヴァイシャは必ずしも商人になる必要はなく、どんな仕事でも選ぶことができた。

1858年

ヴィクトリア女王がインドを統治することを宣言《せんげん》。イギリスによるインドの直接支配が始まる。

1862年

カラムチャンドとプタリバーイー・ガンディー夫《ふ》妻《さい》の第一子である、長女のラリアトベーンが生まれる。

おさないころのガンディー

モハンダス·ガンディーの子ども時代は、幸せなものだった。末っ子のガンディーは、いつも自分のやりたいことをやり、ときおりいたずらをしても、あまりしかられずにすんだ。両親は裕福《ゆうふく》だったので、子どもたちがあくせくと働く必要はなかった。小学校にあがるまでは自由な時間がたっぷりあり、ガンディーは自分の住む町を探検《たんけん》したりして、楽しくすごしていた。

19世紀後半のインドでは、学校に通える子どもはあまり多くなかった。子どもも働ける年齢《ねんれい》になると、それぞれ仕事をわりあてられた。女の子であれば母親を手伝って、料理やそうじやおさない弟妹《ていまい》の世話をし、男の子なら畑や作業場で働く父親の手助けをする。ほとんどの家族はとても貧《まず》しく、生きのびるためには、子どもたちも働いてお金をかせいだり、畑で食べられる物を育てたりするしかなかったのだ。

19世紀後期の絵画。キビ粉で作ったパンを焼く職人《しょくにん》が描《えが》かれている。この素朴《そぼく》なキビ粉のパンは、それだけで食べることも、ほかの料理にそえて出されることもある。ガンディーの故郷《こきょう》であるグジャラート州では、貧富《ひんぷ》の差を問わずに今でも主食としてよく用いられている。

1869年10月2日

モハンダス・カラムチャンド・ガンディー生まれる。両親のあいだに生まれた3番目の子どもで、末っ子だった。

1870年

カラムチャンド·ガンディー、ポールバンダル藩《はん》王《おう》国の宰相《さいしょう》になる。当時ポールバンダルの藩王は、政治《せいじ》よりも宗教《しゅうきょう》に関心を向けていた。

勇敢《ゆうかん》な母親

ガンディーの母親は、勇敢で優《やさ》しい女性だった。ある日、猛毒《もうどく》を持つサソリが家のなかにはいりこみ、母親のはだしの足にのぼってきた。母親はあわてることなく、サソリをつまんで窓の外にほうり投げた。こうして彼女《かのじょ》は、自分の命だけでなく、サソリの命もすくったのだった。

しかしガンディー家のような裕福な家庭は別だった。子どもたちがお金をかせぐために働く必要はなかったし、家の仕事をする使用人もおおぜいいた。だからガンディー家の子どもたちには、自由に使える時間がたくさんあった。

おさないころのガンディーは、モハンダスの愛称《あいしょう》であるモーニアという名前で呼《よ》ばれていた。モーニアは自分の家で、一族のたくさんの子どもたちと遊ぶことができた。彼《かれ》はみんなから好かれていた。外見はそれほどかわいいというわけではない。小さな丸い頭に細い首をして、おまけに耳は大きくつきだしていた。しかしその笑顔《えがお》には、どこか人の心をひきつける魅力《みりょく》があり、母親と7歳《さい》年上の姉、ラリアトベーンからは特にかわいがられていた。

モーニアは物静かな子どもで、ときどき大家族が暮《く》らすにぎやかな家からぬけ出すこともあった。家にはおおぜいの親戚《しんせき》やお客や使用人がしょっちゅう出入りしていて、とてもさわがしかったのだ。モーニアは土間の床《ゆか》に絵を描《えが》いたり、ねんど遊びをしたりして、家のなかでもひとりで楽しく遊んでいられた。だが町に探検《たんけん》に行き、たくさんの家や、

食べ物をふくめ、さまざまな品物が並べられた市場は、町のもっともにぎやかな場所だった。おさないモーニアは、ポールバンダルの市場をのぞくのが大好きだった。

1874年ごろ
モーニア、ポールバンダルの小さな学校で勉強を始める。

1875年ごろ
モーニアと友人たち、寺院で仏像《ぶつぞう》をぬすもうとしてつかまえられる。

ラーマ神の彫像。ラーマ神はヒンドゥー教でもっとも人気のある神のひとりで、寺院でも一般《いっぱん》のインドの家庭でもよく目にする。

寺院や、こみあう市場の人びとをながめてすごすのも好きだった。

ある日モーニアは町をとおる巡礼《じゅんれい》者の列についていき、そのまま町はずれにある寺院まで行って、一日遊んで帰ってきた。

ところがその寺院で、モーニアが毒《どく》のある花を食べてしまったことがわかった。母親はとても心配して医者を呼《よ》び、解毒剤《げどくざい》を飲ませて大事にいたらずにすんだという。

モーニアは近所の子どもたちともよく遊んだ。ときどきボール遊びをするときには、あまり得意でないモーニアは、審判《しんぱん》役にまわりたがった。だが「ごっこ遊び」をするときには、いつも喜んで仲間に加わった。ヒンドゥー教の寺院で見る、お祈《いの》りや儀式《ぎしき》をまねするのだ。あるとき子どもたちは、寺院から本物の彫像《ちょうぞう》をかりてきたら、ごっこ遊びがもっと楽しくなるにちがいないと思いついた。

そこで子どもたちは、僧侶《そうりょ》が昼寝《ひるね》をしているすきに寺院にしのびこんだ。だが子どもたちのひとりが、石の床《ゆか》に金属《きんぞく》でできた重い彫像を落としてしまった。けたたましい音がひびきわたり、僧侶の奥《おく》さんがそれを聞きつけて大さわぎになった。子どもたちはみなつかまってしまったが、正直に罪《つみ》をみとめたのはモーニアただひとりだった。モーニアはまだ6歳《さい》だったが、当時からうそをつくことができなかったのだ。

1876年

カラムチャンド・ガンディー、ラージコート藩王《はんおう》国《こく》の宰相となる。

1877年

ヴィクトリア女王、インド皇帝《こうてい》に即位《そくい》。

小さな王様

おさないころのモーニアは、牛車にのって地方をまわるのが好きだった。父が宰相《さいしょう》をつとめていたので、息子《むすこ》のモーニアも行く先々で食べ物やお金をもらい、まるで小さな王様のようにちやほやされたのだ。

そのころモーニアは、ポールバンダルの学校に通いはじめていた。ほとんどの授業《じゅぎょう》が外でおこなわれるような小さな学校で、子どもたちは地面に棒《ぼう》きれで字を書く練習をした。いつも使っているグジャラート語の読み書きは、モーニアにとってとてもやさしく感じられた。母語であるグジャラート語を、モーニアは生涯《しょうがい》こよなく愛した。

インドの地方にある小さな学校。モーニアはこういう簡素《かんそ》な学校で勉強を始め、ポールバンダルの正式な小学校に入学する前に、字を習いおぼえた。

1877年

インド北東部のベンガル地方で大飢饉《ききん》が起こる。

1878年

ガンディーの一家、ラージコートのカラムチャンドのもとにひっこす。

イギリスによるインド統治《とうち》

19世紀後半までには、下の地図のとおり、インド全体がイギリスの領土《りょうど》にされていた。なお当時のイギリス領インドには、のちにパキスタン（シンド、バローチスターン、パンジャーブ、北西辺境《へんきょう》）、バングラデシュ（東ベンガル）、ミャンマーとして独立《どくりつ》する地域《ちいき》がふくまれている。イギリスによるインド統治は、インドの言葉で「支配《しはい》」を意味する“ラージ”と呼《よ》ばれていた。イギリスはインドの大部分を直接《ちょくせつ》治めていたが、一部の地域では、インドの藩王《はんおう》がひきつづき領土を治めることをゆるされた。ただし藩王は、イギリスに忠誠《ちゅうせい》をちかうことを求められることになった。インドのゆたかな資源《しげん》は、イギリスに大きな富《とみ》をもたらした。イギリス人は、綿花《めんか》などのインドの原料を買いあげ、自国の工場で製品《せいひん》に加工して、それをまたインド人に売りつけていた。

上◆イギリスのヴィクトリア女王は、1877年にインド皇帝《こうてい》に即位《そくい》した。だが一度もインドの地を訪《おとず》れたことはなかった。女王は代理としてイギリス人の総督《そうとく》を送りこみ、インドの統治にあたらせた。

右◆インド北西部パンジャーブ地方の藩王ダリープ・シングの息《むす》子《こ》、アルバート王子。パンジャーブ地方がイギリス領となったあと、ダリープ・シングとその一族はイギリスにわたった。

下◆1920年代のイギリス人狩猟《しゅりょう》者たち。インド総督のリーディング卿《きょう》（左側で片《かた》ひざをついている人物）の姿《すがた》が見える。まわりのインド人たちは使用人。当時イギリス人のあいだでは、トラ狩《が》りがさかんだった。インド人にとってもっとも美しい動物とされていたトラを倒《たお》すイギリス人の姿は、イギリスがインドを征服《せいふく》し、支配していくさまを象徴《しょうちょう》しているように見える。

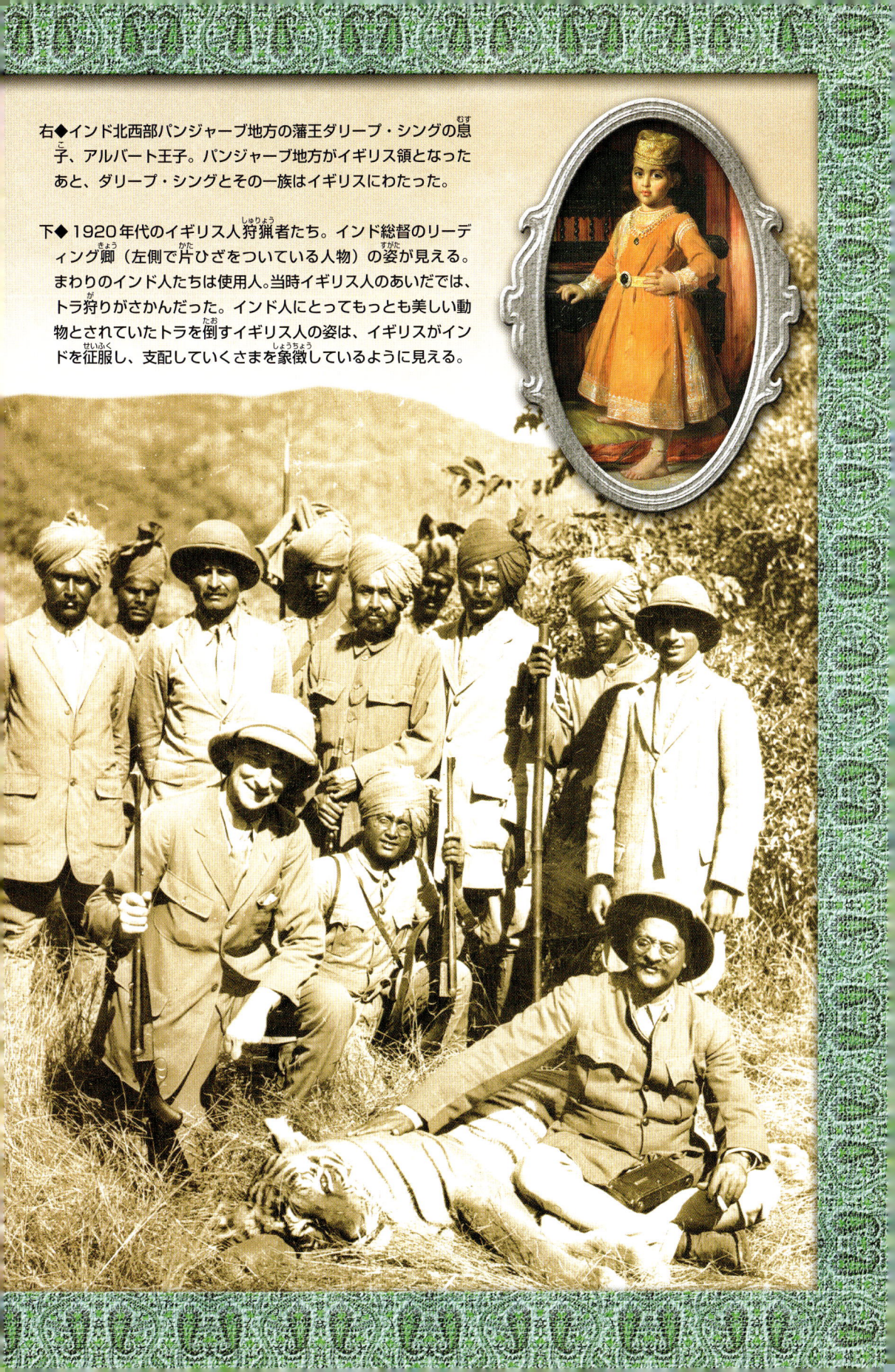

新しい学校へ

モーニアが小学校で字を習っていたころ、父親は190キロほどはなれたラージコート藩王国《はんおうこく》で、新たに宰相《さいしょう》となった。そのためモーニアが8歳《さい》のころ、家族もラージコートの父親のもとにひっこすことになった。新しい家は大きな建物で、高い壁《かべ》にかこまれた中庭はすずしい日かげになっていた。その家から、モーニアは新しい小学校に通いだした。

新しい学校では、算数、歴史、地理など、初めて習う科目がふえた。最初の年は、モーニアをふくめた家族の数人がひどい熱を出して、何日も学校を休まなくてはならなかった。だが2年目にはいると、状況《じょうきょう》はずっとよくなった。インド式の2桁《けた》の九九をおぼえるのに苦労しながらも、苦手《にがて》な算数の成績《せいせき》もだんだんあがっていった。新しい科目の勉強は楽ではなかった。けれどモーニアはこつこつと努力をかさねた。学校には絶対《ぜったい》に遅《おく》れずに行こうと決め、朝ごはんが遅《おそ》くなると文句《もんく》をいうほどだった。

小学校を卒業《そつぎょう》すると、モーニアはカーティアワール中・高等学校の入学試験をうけた。彼はよい成績で合格《ごうかく》することができた。

モーニアがラージコートで通った小学校。彼は覚えの早い生徒ではなかったが、こつこつと努力をつづけることの大切さを知っていた。

1879年

イギリス、南アフリカのズールー王国を制圧《せいあつ》。

1879年

モーニア、ラージコートのタルカ小学校に転校。

「かつての私《わたし》はとても引っこみ思案《じあん》で、
人と親しくつきあうのをさけるような少年だった……
始業の鐘《かね》で登校し、学校が終わるとすぐにとんで帰った——
毎日がそんな具合だった。
誰《だれ》かと話さなくてはならないと思うと、苦痛《くつう》だったのだ」

——モハンダス・ガンディー自伝、1927年——

字がきたなかったために何点か減点《げんてん》されたが、順位は69人中9番というりっぱなものだった。

しかし入学してからは、また勉強に苦労することになった。何より大変だったのは、教師《きょうし》たちが英語で話すことだった。モーニアは英語が得意ではなかったのだ。しかしほとんどの授業は——数学も、歴史も、地理も、天文学も——英語で教えられた。1年生の学年末試験のとき、モーニアは英語のつづりで合格点をとることができなかった。全体の成績もクラスの最下位だった。

当時の授業《じゅぎょう》では、生徒たちはノートのかわりに、小さな石板とチョークを使っていた。ある日、モーニアのクラスで英語のつづりのテストがおこなわれていたとき、イギリスの視学官《しがくかん》が視察にやってきた。モーニアは、「やかん」(kettle)という単語のつづりがわからず、困《こま》っていた。そのことに気づいた先生は、となりの生徒の石板を写すようモーニアに合図した。視学官によい印象を持ってもらいたかったからだ。だがまじめなモーニアには、合図の意味がわからなかった。あとで説明されたときも、人の答えを写すのは正しいことではないといったという。

ラージコートの統治《とうち》者

モーニアの父親カラムチャンドは、ラージコートで宰相の職《しょく》についた。彼《かれ》は藩王《はんおう》にかわって国を治める全権《ぜんけん》をまかされることになった。つまり国一番の権力者となったのだ。

1881年

モーニア、ラージコートのカーティアワール中・高等学校に入学。

1882年

モーニア、中・高等学校の1年目にクラスで最低の成績をとる。

子どもどうしの結婚《けっこん》

13歳《さい》になったとき、人生でもっとも重要なできごとのひとつがモーニアに起こった。結婚である。相手は、同じく13歳のカストルバーイ・マカンジという少女で、モーニアたちがポールバンダルにいたころ、近所に住んでいた商人の娘《むすめ》だった。当時のインドでは、子どもどうしの結婚はごくふつうにおこなわれていた。結婚相手は自分で選ぶのではなく、両親によって決められるものだった。

伝統《でんとう》的なヒンドゥー教の結婚式は、「マンダパ」と呼《よ》ばれる、特別に飾《かざ》りつけをした天蓋《てんがい》の下でおこなわれる。マンダパはたいていの場合、花嫁の家に用意される。左の絵は、ヴェールをかぶった花嫁と花婿が、家族にかこまれて式をあげているところ。

ヒンドゥー教徒にとって、結婚式はとても大切な行事だ。特に裕福《ゆうふく》な家庭は盛大《せいだい》な式をあげようとする。特別な衣装《いしょう》や宝石《ほうせき》が用意され、高価《こうか》なプレゼントがやりとりされ、ごちそうがふるまわれる。その費用《ひよう》はばく大なものだ。ガンディー家では、モーニアの兄といとこが、ちょうど同じころに結婚することになっていた。そこで式の費用を節約《せつやく》するため、モーニアもいっしょに式をあげることになった。合同結

1882年

モーニア、カストルバーイ・マカンジと結婚する。

1883年

モーニア、来年度は一生懸命《いっしょうけんめい》勉強することを約束し、落第をまぬがれる。

聖《せい》なる糸

ヒンドゥー教の結婚式では、しばしば花嫁《はなよめ》と花婿《はなむこ》の手首や肩《かた》を、聖なる糸で結びつける儀式《ぎしき》がおこなわれる。これには、夫婦がこれからの人生をともに生きていくことを願う意味がある。

婚式ははなやかにとりおこなわれた。その日唯一《ゆいいつ》の事件《じけん》は、モーニアの父親が式に向かう途中《とちゅう》にころんでけがをし、包帯《ほうたい》をまいてあらわれたことだった。

若《わか》い夫婦《ふうふ》は、きれいな服やおいしい食事を楽しんだ。結婚式が終わると、ふたりはモーニアの両親の家で生活を始めた。しかしまだおさないカストルバーイは、1年のうち数か月は、ポールバンダルの実家に帰ることになっていた。ふたりはおたがいのことをよく知らないまま結婚した。けれど、カストルバーイが自分にとってよい相手だったことに、モーニアはやがて気づくようになった。彼女は優《やさ》しいだけでなく、意志の強い少女だった。ふたりは時間をかけて愛をはぐくんでいった。その結婚生活は、62年にわたってつづくことになる。

結婚してからのモーニアは、勉強の時間もままならないほど忙《いそが》しくなってしまった。妻《つま》と時間をすごすだけでなく、結婚式の日のけががもとで病気になった父親を、看病《かんびょう》しなくてはならなかったのだ。結局その年、モーニアは148日も学校を休むことになり、学年末の試験さえうけられなかった。しかし翌年《よくねん》はもっと勉強にはげむことを約束し、何とか進級をゆるされた。努力のかいあって、成績は少しずつあがっていった。とくに英語と数学は大きく進歩し、最後にはクラスで4番目の成績をおさめることができた。これならモーニアも宰相《さいしょう》になれるかもしれないと、両親は思いはじめていた。

「それ［結婚式］というのは、きれいな着物を着たり、
太鼓《たいこ》が鳴ったり、おいしいごちそうが出たり、
婚礼の行列がつづいたりするものだろうとしか、
私《わたし》は考えていなかった」

——モハンダス・ガンディー自伝、1927年——

1883年

イギリス統治《とうち》下でインドが直面している問題を話し合うため、全インド国民協議会が結成される。

1884年

モーニアの成績があがりはじめる。

宗教《しゅうきょう》心と反抗《はんこう》心

成長するにつれ、モーニアもほとんどの若者《わかもの》と同じように、両親の価値観《かちかん》を否定《ひてい》したいという気持ちをいだくようになった。信心深いヒンドゥー教徒である両親は、肉を食べたりたばこをすったりすることは罪《つみ》だと信じていた。しかしインドにいるイギリス人や、イスラム教徒のインド人は、あたりまえのように肉を食べている。そこでモーニアと友人は、自分たちも肉を食べてみようと考えた。

「ラーマーヤナ」に登場する英雄《えいゆう》のひとり、猿神《さるがみ》ハヌマーン。魔王《まおう》ラーヴァナにさらわれたラーマの妻シータをすくいだすため、ラーヴァナの息子《むすこ》インドラジットと戦っている。

ある日モーニアは、メータブという友人から、肉を食べれば体が大きくなるし、今より強くなれると聞かされた。そこでモーニアは、家族にかくれて、メータブといっしょにヤギ肉の料理を食べてみた。だが固いヤギ肉は、どうしても口に合わない。結局モーニアは、肉を食べるのはあきらめることにした。

モーニアが16歳《さい》になったとき、父親が重い潰瘍《かいよう》にかかった。モーニアの献身《けんしん》的な看病のかいもなく、父親はついに亡《な》くなった。しかしモーニアは、父の最期《さいご》をみとることができなかった。彼《かれ》はそのことを、死ぬまで後悔《こうかい》しつづけたのだった。

モーニアはやがて、ヒンドゥー教には自分にとって大切な教えがふくまれていることに気づくようになる。ヒンドゥーの神々や英雄《えいゆう》についての物語を、彼は好んで読んだ。それらは正直であること、勇気を持つこと、義務《ぎむ》を果たすことの大切さを教えてくれた。「ラーマーヤナ」という大叙事《じょじ》詩につづられた、平和を求めるラーマ

1885年

ガンディーの父、カラムチャンド死去。

1885年

インドの地位向上をイギリス議会に請願《せいがん》するため、インド国民会議が結成される。

王子の勇気には、特に深い感動をおぼえた。真実のためにすべてをなげうったハリシュチャンドラ王の物語にも、心をうたれた。

いっぽう学校の勉強も熱心につづけ、無事に卒《そつ》業《ぎょう》試験に合格した。卒業後は、家から150キロほどはなれたバーウナガルという町にある大学に入学した。ところがモーニアは、大学の勉強に集中できなかった。これから先、自分の人生で何をなすべきか迷《まよ》っていたのだ。そんなとき、父親の友人が、イギリスに留学して法律《ほうりつ》を勉強してみたらどうかとすすめてくれた。その経験は、インドで宰相《さいしょう》になるのにも役立つにちがいない。しかし妻《つま》のカストルバーイとまだ赤《あか》ん坊《ぼう》の長男ハリラールを、遠くイギリスまでつれていくことはできない。モーニアは家族を残して、ひとりで旅立つことになる。

大きいイギリス人

インド人のなかには、イギリス人が大きいのは肉を食べたおかげだと信じているものもいた。当時のインドでは、こんな歌がはやっていた。

「見ろよ、大きいイギリス人。
小さい負け犬、インド人。
肉を食べてるそのせいで
身の丈《たけ》なんと2メートル」

水へびの背でくつろぐラーマとその妻シータ。ガンディーはとくにラーマ神を崇《すう》拝《はい》していた。

1888年

ガンディー、バーウナガルの大学に入学するが、1学期の終わりに退学《たいがく》。

1888年

ガンディーの長男、ハリラール誕生《たんじょう》。

イギリス留学と南アフリカでの闘い

2

法律《ほうりつ》を学ぶ

最初ガンディーの母親は、息子《むすこ》の留学《りゅうがく》に反対した。だがガンディーは、イギリスに行ってもけっして酒を飲まず、肉も食べないことを母にちかった。何とか母のゆるしを得たガンディーは、19歳《さい》になる直前にイギリスに向けて出発した。7週間の船旅をへてロンドンに到着《とうちゃく》すると、弁護士《べんごし》になることを目ざしてイナー・テンプル法学院に入学した。

上◆ロンドンの菜食主義者《さいしょくしゅぎしゃ》協会のメンバーたち。ガンディーもこの会に加わっていた。会のメンバーは、ガンディーを菜食主義のレストランにつれていったり、菜食主義についての本を貸《か》してくれたりした。ガンディーは会の機関紙に、インド料理についての記事を書いている。

前ページ◆18歳のころのガンディー。インド風の服装《ふくそう》をやめ、ヨーロッパの紳士のようなかっこうをしていた。

ロンドンについたガンディーがまずとりかかったのは、「イギリス紳士《しんし》」に変身することだった。彼《かれ》は新しいスーツとシルクハットを買い、英語の勉強のためにイギリスの新聞を読むようにした。しかしイギリス紳士の生活を送るのは、大変にお金のかかるものだった。ガンディーはお金を節約《せつやく》するためにもっと安い部屋にひっこし、どこに行くにも乗り物を使わず歩いていくようにした。

当時の法学院では、弁護士になるために、学生はふたつのことを求められた。ひとつは法律《ほうりつ》の試験に合格すること、もうひとつは「規定《きてい》の学期間、在学《ざいがく》すること」だ。後者については、自分の法学院の食堂で1年に6回夕食を食べれば、在学したものとみなされた。ガンディーは夕食の席では人気があった。お酒を飲まなかったので、彼と同じテーブルにつくと、ワインのわりあてがふえるからだ。

法律の試験のための勉強は、とても大変だった。しかし

1888年9月

ガンディー、カストルバーイとハリラールを残してイギリスへ留学。

1888年11月

ガンディー、ロンドンのイナー・テンプル法学院に入学し、法律の勉強を始める。

ガンディーのガイドブック

どこに行くにも歩いて出かけているうち、ガンディーはロンドンの町にとてもくわしくなった。そこで彼は、自分で町のガイドブックをつくった。かつての自分と同じように、この町を知ろうとしている外国人留学生を、少しでも助けてあげたいと思ったのだ。

ガンディーは、よい成績をおさめるために、こつこつと努力をかさねた。すべての教科書を注意深く読み、ローマ法は原文のラテン語で勉強した。ほとんどの学生たちはガンディーほど熱心に勉強せず、基礎《きそ》的な教科書を何冊《なんさつ》か読むだけだった。けれどガンディーは、将来《しょうらい》のためにしっかりと準備《じゅんび》をしておきたかったのだ。

1891年6月10日、ガンディーは晴れて弁護士の資格をとった。これでイギリスでも、イギリス領《りょう》のどの国でも、弁護士として働くことができる。早く自分の国で仕事を始めたかったガンディーは、その2日後には、インドにもどる船にのっていた。

この大きな建物のなかに、イナー・テンプル法学院の図書館があった。ガンディーはここでたくさんの裁判《さいばん》の判例《はんれい》に目を通した。

1889年

ガンディー、世界の宗教《しゅうきょう》について学びはじめる。

1891年

ガンディー、弁護士の資格を得てインドにもどる。

ガンディーと宗教《しゅうきょう》

　ガンディーはヒンドゥー教徒として育てられたが、イギリスに行くまでは、宗教についてあまり深く考えたことはなかった。だがロンドンで、ガンディーは「バガヴァッド・ギーター」をふくむ何冊《さつ》かのヒンドゥー教の聖典《せいてん》と出会った。それらは原本のサンスクリットから英語に訳《やく》されたものだったが、彼《かれ》は難《なん》なく読むことができた。イギリス人の友人たちのすすめもあり、彼はほかの宗教についての本も読みはじめた。また、当時インド以外ではほとんど知られていなかった、ジャイナ教にも興味《きょうみ》を持つようになった。ジャイナ教では、あらゆる生き物の命をうばうことがかたく禁《きん》じられていた。その教えはガンディーの心にしみこみ、のちに非暴力主義《ひぼうりょくしゅぎ》という考え方を生みだすきっかけとなった。世界の宗教を学んだガンディーは、そのすべてに敬意《けいい》をいだくようになった。そしてインドの人たちも、そういった敬意を持つことが必要だと感じた。なぜならインドでは、ちがった宗教を信仰《しんこう》する人びとがいがみあっていて、それが国のかかえる問題の大きな原因《げんいん》になっていたからだ。

上◆エドウィン・アーノルド卿《きょう》は、ガンディーがメンバーになった菜《さい》食主義者《しょくしゅぎしゃ》協会の副会長だった。アーノルド卿は世界の宗教にくわしく、ヒンドゥー教の聖典のいくつかをサンスクリットから英語に翻訳《ほんやく》した。

左◆ガンディーの友人で、イギリス人の社会運動家アニー・ベサント。彼女《かのじょ》は作家でもあり、神智学《しんちがく》協会の会長もつとめていた。神智学というのは、すべての宗教の根底には普《ふ》遍《へん》的な真理があるという考え方で、あらゆる宗教を否定《ひてい》せず、その指導《しどう》者たちを尊重《そんちょう》した。

右◆ガンディーはキリスト教の聖書を読み、深い感銘《かんめい》をうけた。特に「山上の説教」の一節にあった、「右のほおを打たれたら、左のほおをも向けよ」という教えには感動したと語っている。

左◆ガンディーはイスラム教の聖典「コーラン」も読んでいた。インドには多くのイスラム教徒がいたので、その教義《きょうぎ》を理解《りかい》することが必要だと感じていたからだ。

世界の宗教

ガンディー自身は生涯《しょうがい》をとおしてヒンドゥー教徒だった。しかしキリスト教やイスラム教など、ほかの宗教を研究することから多くを学んだ。ガンディーの非暴力主義や、人びとの平等を願い、つねに真実を尊《とうと》ぶといった思想は、聖書やコーランの影響《えいきょう》が大きかったとされる。ガンディーはまた、他人を理解するためには、彼らの宗教を理解することが大きな助けになると確信した。

右◆「バガヴァッド・ギーター」は、ヒンドゥー教の重要な聖典のひとつ。クリシュナ神とアルジュナ王子の対話という形をとった詩篇《しへん》になっている。ガンディーはこれを、自分の母語であるグジャラート語に訳した。

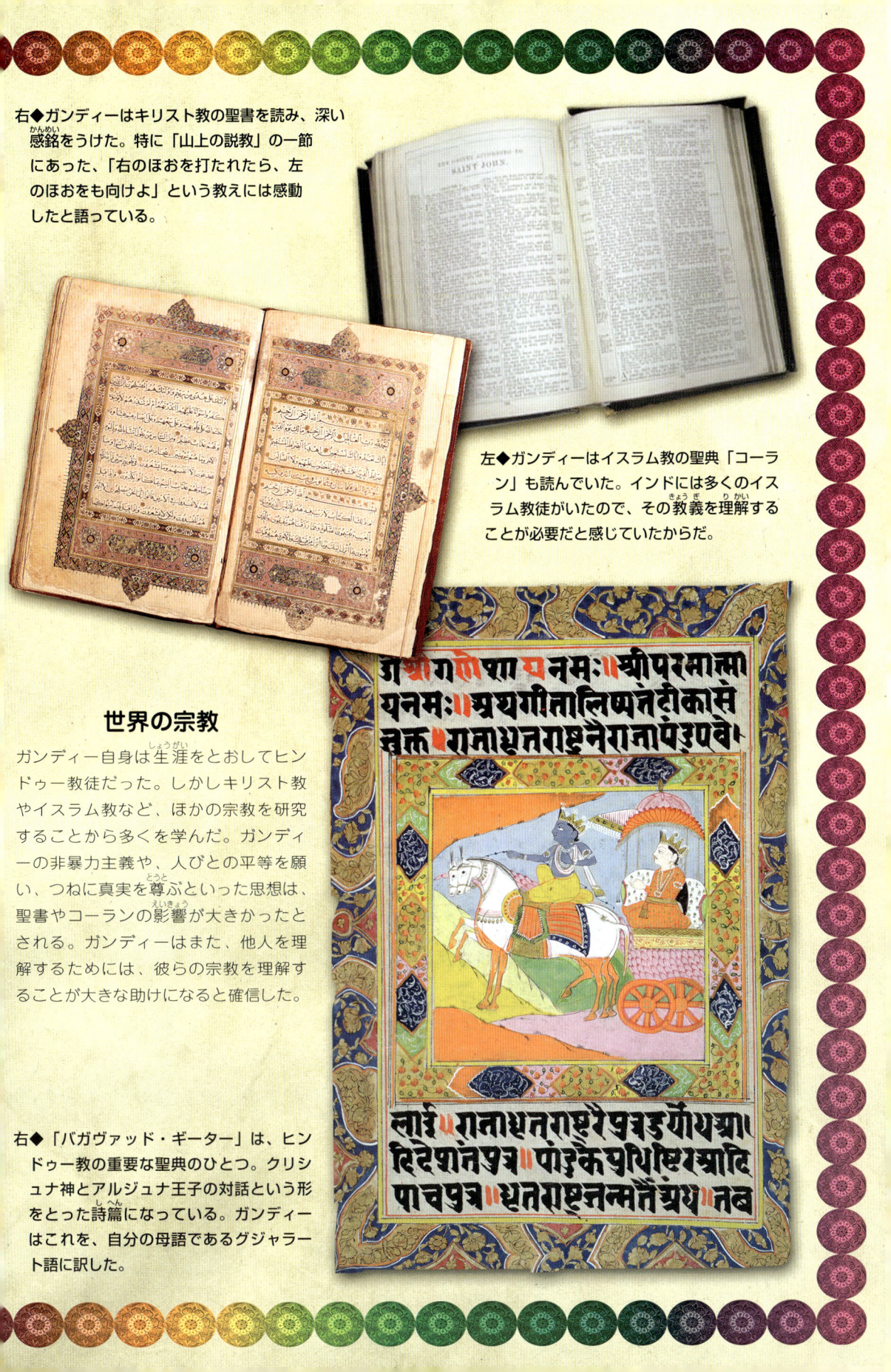

南アフリカへ

インドにもどってから、ガンディーにはつぎつぎにつらいできごとが起きた。まず帰国したとたん、母親の死を告《つ》げられた。留学《りゅうがく》中の彼《かれ》には、その悲しい知らせがふせられていたのだ。その後見つけた弁護士《べんごし》の仕事もうまくいかなかった。彼は書類関係の仕事は得意だったが、あまりに内気だったので、法廷《ほうてい》で立ちあがって弁護をすることができなかったためだ。困《こま》っていたガンディーに、1893年、南アフリカでの仕事の話がまいこんできた。彼はそのチャンスにとびついた。

1890年代の南アフリカは、4つの地域《ちいき》（オレンジ自由国、トランスバール共和国、ナタール、ケープ植民地）にわかれていた。そのすべてが、白人であるイギリス人とオランダ系移民《けいいみん》のボーア人に支配《しはい》され、黒人であるアフリカ人やインドからの移民には、ほとんど人権《じんけん》がみとめられていなかった。

南アフリカのナタールは長いあいだ戦いと流血の舞台《ぶたい》となってきた。この地に住んでいたズールー族は、最初はボーア人の、のちにはイギリス軍の侵略《しんりゃく》に抵抗《ていこう》して戦ったが、1879年についに制圧《せいあつ》された。

1892年

ガンディーの次男、マニラール生まれる。

1893〜94年

ガンディー、インド人の商人、ダダ・アブドゥラが経営する会社の南アフリカ支店で法律顧問として働く。

当時の南アフリカには、約7万5000人のインド人がいた。インドにいたときよりもよい生活を夢《ゆめ》見て、海をこえてきた人びとだ。その多くが、年季労働契約《けいやく》者（ある仕事をするため、きまった期間働く契約を結んだ人）と、その子孫だった。彼らはイギリス人が経営《けいえい》するお茶やコーヒーや砂糖《さとう》のプランテーションで、安い賃金《ちんぎん》で熱心に働いた。そして契約期間が終わっても、遠い祖国《そこく》にもどって新しい生活を始めるより、この地に残ることを選ぶもののほうが多かった。しかし彼らは南アフリカで、ひどい差別や嫌《いや》がらせをうけていた。日が落ちてからは、外出することさえできなかった。

ガンディーの南アフリカにおける最初の仕事は、トランスバールのプレトリアという町で始まった。インド人の商人、ダダ・アブドゥラが経営する会社の法律顧問《ほうりつこもん》だ。まもなく、インド人がこの地でうけているひどい差別について、さまざまな話が聞こえてきた。ガンディー自身も差別をうけた。汽車の

南アフリカの道ばたで商売をするインド人の少年。商売をしていたインド人たちは、何とか生計を立てていくことはできたが、支配者層《しはいしゃそう》である白人からひどい差別をうけた。

1894年

ガンディー、南アフリカのインド人社会を助けるため、ナタール・インド人会議を結成する。

1896年6月

ガンディー、インドに一時帰国。南アフリカの現状《げんじょう》をインド各地でうったえる。

一等きっぷを持っていたのに、一等客車から追いだされたのだ。南アフリカのインド人を助けたいと、ガンディーは強く感じるようになった。彼《かれ》はプレトリアに住むインド人に呼《よ》びかけ、集会をひらいた。そして初めて人の前に立って演説《えんぜつ》をした。仲間のために人権《じんけん》を勝ちとりたいという思いが、内気さをふきとばしてしまったようだった。ガンディーは、ヒンドゥー教やイスラム教といった宗教《しゅうきょう》のちがいをこえて、すべてのインド人移民《いみん》が参加できる協会を組織《そしき》した。

1年後、ガンディーはダダ・アブドゥラとの仕事を終えた。だが彼のうわさを聞いたナタールのインド人商人たちが、南アフリカに残って自分たちを助けてくれるようたのんできた。ガンディーはその願いをうけいれ、ナタールのダーバンという町で法律事務所《ほうりつじむしょ》をひらいた。そして現地《げんち》のインド人がかかえる法律的な問題を解決していった。

1896年、ガンディーは一度インドに帰り、家族をつれてくることにした。しかし、翌年《よくねん》南アフリカにもどったガンディーを待っていたのは、白人たちの暴力《ぼうりょく》だった。彼はなぐられ、けられ、レンガや石を投げつけられた。ガンディーがまたインド人のために運動を始めるつもりだと聞きつけ、暴力で阻止《そし》しようとしたのだ。しかしこう

カストルバーイは1897年に南アフリカにやって来た。その後もガンディーとカストルバーイのあいだには子どもが生まれ、1900年までには４人の息子の親になっていた。下の２人、ラームダースとデーバダースは南アフリカで生まれた。

1897年

ガンディー、妻子《さいし》をつれてふたたび南アフリカにわたる。三男ラームダース生まれる。

1900年

四男デーバダース生まれる。

ガンディー（中央）が南アフリカでひらいた法律事務所《じむしょ》のスタッフたち。ガンディーの事務所は、現地《げんち》のインド人たちを助ける仕事に忙《いそが》しかった。当時南アフリカの弁護士は、ほとんど全員が白人で、インド人の依頼《いらい》などうけようとしなかったからだ。

したひれつな攻撃《こうげき》は、彼の闘志《とうし》をいっそう燃えあがらせた。ガンディーは新聞に投《とう》稿《こう》したり、各地で演説をしたりと、精力《せいりょく》的に活動を始めた。白人統治《とうち》者たちの態《たい》度《ど》が簡単《かんたん》にかわらないことはわかっていた。それでも彼は、インド人が公平にあつかわれることを求め、法廷でも闘《たたか》った。

1899年、ガンディーの運動に大きな影響《えいきょう》をあたえることになる戦争が起こった。南アフリカを支配《しはい》していたイギリス人とボーア人のあいだに始まった、ボーア戦争だ。ガンディーはイギリス側につき、負傷《ふしょう》者を助ける看護《かんご》隊を組織《そしき》した。1000人以上のインド人が、ガンディーのもとに集まった。彼らはイギリス人部隊のなかでめざましい活躍《かつやく》をし、多くの命をすくった。1902年、戦争はイギリス側の勝利に終わった。彼らはガンディーの働きに感謝《かんしゃ》したが、その後もインド人に対するあつかいがかわることはなかった。ガンディーは「インディアン・オピニオン」という新聞を発行し、南アフリカに暮《く》らすインド人たちに、自分の考えを伝えはじめた。インド人の人権を守るための闘いが、ふたたび始まったのだ。

財産を持たない

ガンディー一家が1901年にインドに帰国するとき、友人たちはたくさんの高価《こうか》なプレゼントをおくった。だがガンディーは、それらをすべてナタールのインド人をすくう運動資金《しきん》に寄付《きふ》してしまった。カストルバーイも、自分におくられた金のアクセサリーをさしだした。

1903年

ガンディー、ヨハネスバーグに法律事務所をひらく。

1904年

ガンディー、フェニックス農園をひらき、運動に協力するインド人やヨーロッパ人家族たちと共同生活を始める。

非暴力《ひぼうりょく》と不服従《ふふくじゅう》の抵抗《ていこう》

ガンディーの努力にもかかわらず、南アフリカでのインド人の状況《じょうきょう》はきびしいままだった。1903年、ガンディーはトランスバールに移《うつ》り、ヨハネスバーグという町に法律事務所《ほうりつじむしょ》を開いた。1906年、トランスバール政府《せいふ》は、インド人に対する新しい法案を発表した。すべてのインド人は、身分を登録した証明書《しょうめいしょ》をつくり、それをつねに携帯《けいたい》しなくてはならないというきびしいものだった。

インド人に対する差別は、この法律だけではなかった。トランスバールには、インド人だけにかけられる重い税金《ぜいきん》があった。また、ヒンドゥー教の結婚《けっこん》式で結ばれた夫婦《ふうふ》は、正式な夫婦とはみとめられなかった。そこでガンディーは、「サティヤーグラハ」という新しい抵抗の方法を考え出した。これはサンスクリットのサティヤ（真理、真実）とアーグラハ（主張《しゅちょう》、把握《はあく》）というふたつの言葉を組み合わせた造語《ぞうご》で、一般《いっぱん》には「真理の把握」と訳《やく》される。ガンディーの考えるサティヤーグラハは、「インド人は不平等に対

ヨハネスバーグ近郊《きんこう》のトルストイ農場で、ガンディー（下段《かだん》右）と四男デーバダース（上段右）と友人たち。抵抗運動に参加する人びととその家族は、ここで共同生活を送った。

1908年

ガンディー、非暴力・不服従のサティヤーグラハ運動を指揮《しき》し、何度も逮捕・投獄《とうごく》される。

1910年

南アフリカの各州が統合《とうごう》され、南アフリカ共和国が成立。

1908年、釈放《しゃくほう》直後に刑務所の外にならぶガンディー（前列左）とサティヤーグラハ運動に参加した仲間たち。

して立ちあがり、抵抗する。だがけっして暴力は使わない」という非暴力、不服従の抵抗運動だった。

たくさんのインド人が運動に参加し、政府への登録をこばんだ。1908年には、ガンディーをふくめ、何人ものインド人が法律をやぶったとして逮捕《たいほ》された。トランスバール政府の責任《せきにん》者であるスマッツ将軍《しょうぐん》は、刑務所《けいむしょ》にいたガンディーをプレトリアにつれてこさせ、取り引きをもちかけた。もしインド人の大多数が登録さえしてくれたら、法律を廃止《はいし》しようというのだ。ところがガンディーが抵抗運動を中止し、インド人たちが登録を始めたとたん、スマッツ将軍は前言をひるがえした。インド人はすぐに自分たちの登録証明書を焼きすて、ふたたびサティヤーグラハ運動が始まった。

各地でストライキがおこなわれた。インド人が勝手に州境《しゅうざかい》をこえることは禁《きん》じられていたが、たくさんの人びとが堂《どう》々と法律を無視《むし》して、別の州に移った。1914年、ついに政府が折れた。特別税は廃止され、ヒンドゥー教式の結婚式はみとめられることになり、登録法は改正された。南アフリカのインド人たちは、とうとう正義《せいぎ》を手に入れたのだ。これで南アフリカでの自分の仕事は終わったと、ガンディーは感じることができた。インドに帰るときがきていた。

刑務所での労働

刑務所では、ガンディーは1日9時間の重労働をさせられた。石をわったり、ため池をほったりするのはきびしい仕事だったが、ガンディーはほかの囚人《しゅうじん》たちのように、暑さのために気を失うようなことはなかった。

1914年

南アフリカ政府、インド人に対する不公平な法律の廃止に合意する。

1914年

第一次世界大戦始まる。

ふたたびインドへ

3

インドを旅する

1915年1月、ガンディーはインドにもどってきた。南アフリカでの活躍《かつやく》が知れわたっていたため、ガンディーは英雄《えいゆう》として大歓迎《かんげい》をうけた。彼《かれ》がすぐにインドでの政治《せいじ》運動に加わるものと、誰《だれ》もが期待していた。しかしこの20年間、ガンディーはほとんど祖国《そこく》をはなれて暮《く》らしていた。今のインドの状況《じょうきょう》がどうなっているのか、ガンディーはできるだけくわしく知りたいと考えた。

上◆詩人で思想家のラビンドラナート・タゴールは、詩作だけでなく、小説、戯曲《ぎきょく》、哲学《てつがく》など多方面にわたって活躍した。ガンディーは南アフリカから帰国してまもなく彼に会った。

前ページ◆インドにもどってからのガンディーは、ふたたび伝統的なインドの服を身につけ、ターバンを巻《ま》き、サンダルをはくようになった。

ガンディーはひさびさのインドでの生活を喜んでいた。伝統《でんとう》的なインドの服装《ふくそう》をして、母語のグジャラート語で話すこともあった。やがて彼はインドの各地をめぐる旅に出た。そして各地でたくさんの面白《おもしろ》い人びとと出会った。そのうちのひとりが、1913年にノーベル文学賞を受賞した、詩人のラビンドラナート・タゴールだ。タゴールはこのガンディーという人物に、非凡《ひぼん》で神聖《しんせい》な魂《たましい》がやどっていることを見ぬき、彼に「マハトマ（偉大《いだい》なる魂）」という特別な呼《よ》び名をおくった。

ガンディーはまた、インドの独立運動にたずさわる人たちにも会った。ガンディーと同じく、インドはインド人の手で治められるべきだと考えている人びとだ。しかしどうすればその理想を実現《じつげん》できるのか、ガンディーにもまだわからなかった。イギリスによる統治《とうち》には公平な面もあったし、彼らの司法制度《せいど》がすぐれていることもたしかだった。また、ガンディーを尊敬《そんけい》し

1915年1月9日

ガンディーとその家族、インドに帰国。

1915年5月

ガンディー、アーメダバード郊外《こうがい》にサティヤーグラハ・アーシュラムをつくる。

ガンディー（写真中央）はインドの田舎《いなか》を旅しながら、たくさんの人びとと話をした。彼らのほとんどが農業で生計を立てており、その暮らしがどれほどつらいものであるか、ガンディーにうったえた。

ているイギリス人もおおぜいいた。ガンディーが南アフリカから帰国するさいには、ボーア戦争での看護《かんご》隊の活躍に対して、イギリス政府から勲章《くんしょう》もおくられていた。

この旅を通じてガンディーが気づいたのは、多くのインド人が自分の国でつらい生活を送っていること、そしてたとえインド人による自治が実現しても、その人たちの生活はかわらないだろうということだった。特にインド社会で一番低い身分である「不可触民《ふかしょくみん》」に対する差別に、ガンディーは心を痛《いた》めた。彼らはほかの人たちから見下され、教育もうけられず、人の嫌《いや》がる仕事をさせられていた。多くのヒンドゥー教徒たちは、けっして彼らに触《ふ》れようとしなかった。

ガンディーは1年をかけてインドを旅したあと、インド西部にサティヤーグラハ・アーシュラムと呼ばれる共同生活所をつくった。そこで家族や支持《しじ》者たちとともに、作物を育てたり学んだりしながら暮らした。

両親がラージコートに持っていたようなりっぱな家は、自分には必要ないものだとガンディーは考えた。彼と家族は、文化的な設備《せつび》などはほとんどついていない、質素《しっそ》な家に暮らした。

1916年2月6日

ガンディー、ベナレス大学で演説《えんぜつ》をし、インド人とイギリス人統治者、それぞれの問題点を指摘《してき》する。

1916年12月

ガンディー、ラクナウでインド国民会議の大会に参加する。

問題にとりくむ

ガンディーのインドでの活動は、貧《まず》しい人びとをすくうことから始まった。だが彼の本拠《ほんきょ》地であるサティヤーグラハ・アーシュラムで問題が起きた。1915年、不可触民《ふかしょくみん》の一家がガンディーにまねかれて、アーシュラムに住むようになった。これにメンバーの多くが反対し、一家を追い出そうとしたのだ。意見はまとまらず、このままでは共同生活をつづけることができなくなるかと思われた。

ガンディーは不可触民をうけいれるよう、メンバーたちを説得した。ところがアーシュラムに資金《しきん》を出してくれていた金持ちの支援《しえん》者たちが、その方針《ほうしん》に反対して、援助をうちきってしまったのだ。運営資金を失って困《こま》っているガンディーのもとに、近くのアーメダバードに住むアンバラル・サラバーイという裕福《ゆうふく》なビジネスマンがやってきて、寄付《きふ》を申し出てくれた。おかげでアーシュラムの危機《きき》はすくわれた。

不可触民はほかのカーストの人びとと同じ場所に住むことをゆるされず、たいていの場合、ひどい環境《かんきょう》におしこめられて生活していた。ガンディーはこうした差別をなくそうと、不可触民をすくう運動を始めた。

1917年、ガンディーはインド北東部のチャンパラン地方の農民から、ある相談をうけた。そこではイギリス人の地主たちが、藍《あい》（青い染料《せんりょう》のもとになる植物）を栽培《さいばい》するよう農民に強制《きょうせい》していた。ところが藍の価格《かかく》が下がって利益《りえき》が減《へ》ったため、地主たちは農民に、その分を負担《ふたん》するようおしつけているという。ガンディーはチャンパランに

1917年

イギリスのインド担当大臣《たんとうだいじん》モンタギュー、インドの将来《しょうらい》の自治を約束すると宣言《せんげん》。

1917年10月3日

ガンディー、チャンパランの農民がイギリス人地主におさめる小作料を減額《げんがく》させることに成功する。

藍などの植物からとれる染料を使って、布を染《そ》めている人びと。この技術《ぎじゅつ》は、何世紀にもわたってインドでうけつがれてきたものだった。藍をつくる農家と織物職人《おりものしょくにん》をささえることが、インドにとって非《ひ》常《じょう》に重要だとガンディーは考えた。

行ってみることにした。しかし現地《げんち》のイギリス人はガンディーを追い返そうとし、地主たちはガンディーの活動を妨害《ぼうがい》した。だがさわぎが大きくなって、人びとの関心が集まったことが、ガンディーに有利に働いた。やがてイギリス政府《せいふ》が正式な調《ちょう》査《さ》に立ちあがり、ガンディーも調査委員会には加わるよう求められた。調査の結果、農民たちが地主におさめる小作料は、おおはばに減らされることが決まったのだった。

　小作料がなくなったわけではないので、全面的な勝利とはいえないかもしれない。だが農民たちの生活ははるかに楽になった。それに暴力《ぼうりょく》にたよらず、合法的なやり方で問題が解決《かいけつ》されたことを、ガンディーはほこらしく思った。地主たちが農民に暴力をふるっても、彼らはやり返さなかったのだ。この勝利は、非《ひ》暴力による抵抗《ていこう》がインドでも成功するのではないかということをしめしていた。

ガンディーのアーシュラム

ガンディーのアーシュラムには、大きな調理場、150エーカーの広い農場、学校、作業場、織《お》り機など、たくさんの人が共同生活を送るために必要なものがすべてそろっていた。そこはまるで、独立《どくりつ》した小さな村のようだった。

1918年

ガンディー、家庭内の糸つむぎとはた織りがインドの貧しさをすくうと信じ、みずから実《じっ》践《せん》しはじめる。

1918年

若《わか》い弁護士《べんごし》マハデヴ・デサイ、ガンディーの運動に共感し、秘書《ひしょ》になる。

糸つむぎとはた織《お》り

どんなに忙《いそが》しくても、ガンディーは毎日、手回しの糸車で糸をつむぐ時間をとるようにしていた。糸つむぎというのは、インドの未来に一生をささげた指導《しどう》者の仕事としては、一見ふさわしくないように見えるかもしれない。しかしガンディーは、糸つむぎがインドの貧《まず》しさをすくう重要な活動だと信じていた。彼《かれ》はインド人たちに、自分たちが生産の主導権《しゅどうけん》をにぎることができるのだと教えたかった。

糸をつむぐことは、誰《だれ》にでもすぐおぼえられる簡単《かんたん》な仕事だ。もしインド人が自分たちで糸をつむぐようになれば、イギリス人に綿花《めんか》をうばわれずにすむ。インドで栽培《さいばい》された綿花を、イギリスではなく、自分たちの国で糸につむぎ、布に織る。その布を自分たちで使ったり売ったりできるなら、イギリスに布の生産をたよらずにすむし、利益《りえき》を外国にすいとられてしまうこともなくなるのだ。糸車はインド独立《どくりつ》の象徴《しょうちょう》となり、一時期は国旗のデザインにも使用されていた。

下◆ガンディーは１日１時間を糸つむぎにあてるようにし、ほかのインド人たちにも糸をつむぐことをすすめた。彼は質素《しっそ》なドーティ（腰布《こしぬの》）だけを身につけていることが多かったが、その布はインドの綿花を糸につむいで、織ったものだった。この姿でどこにでも出かけていくことで、自分の国でつくられたものを身につけることの大切さを伝えていたのだ。

右◆1920年代には、ガンディーの声に応《おう》じた多くのインド人が、糸をつむぎ、はたで布を織るようになった。このような手織りの木綿《もめん》は、カダール織りと呼《よ》ばれた。

下◆カダール織りの布は、目があらく、染色《せんしょく》もしていない素朴《そぼく》なものだった。しかし織り手たちの生活をささえるため、ガンディーはみんなにカダール織りを買うよう説いた。それは誰にでもできる、インド独立のための運動だった。

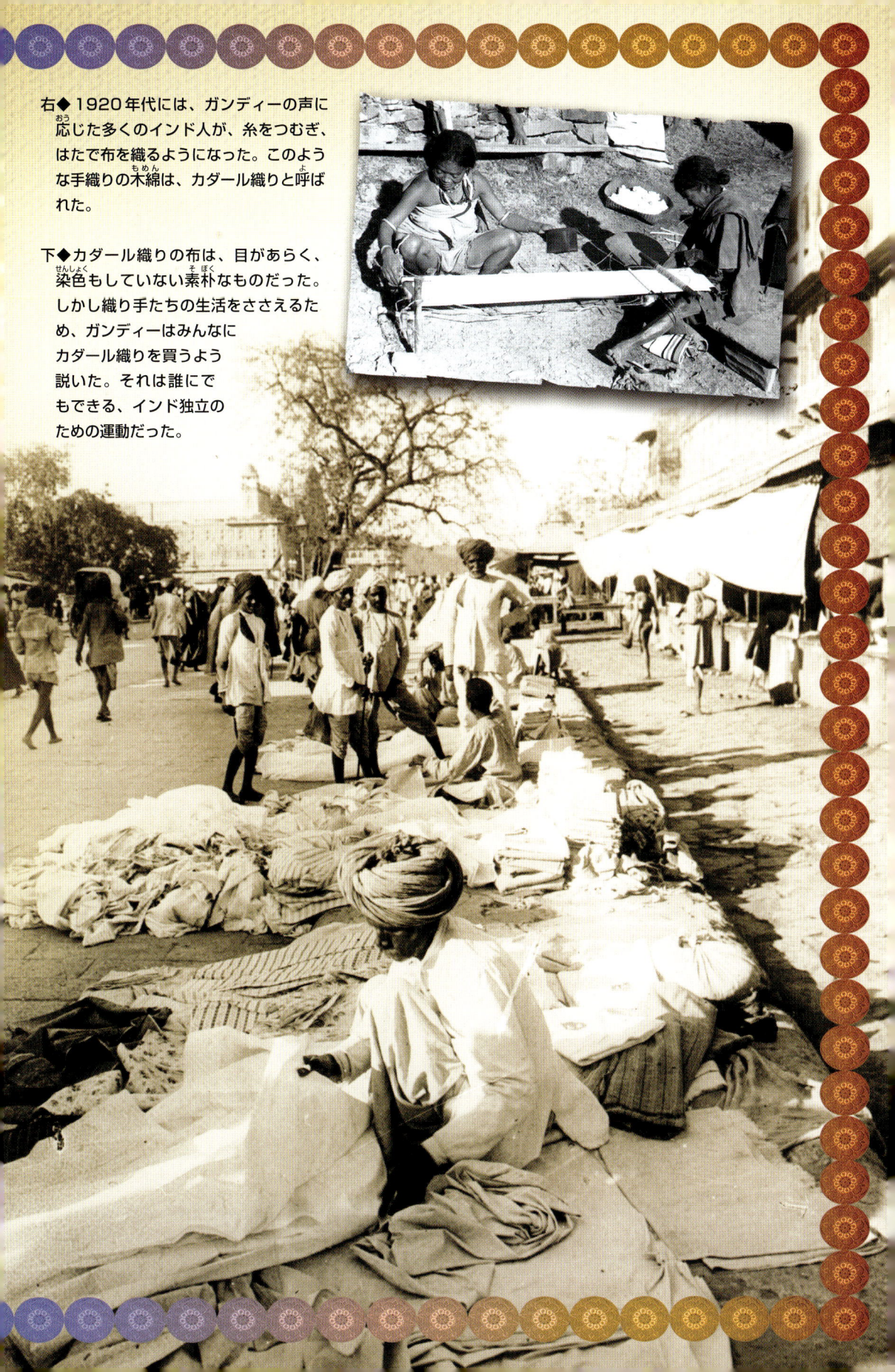

燃《も》えあがる抵抗《ていこう》運動とアムリトサルの虐殺《ぎゃくさつ》

暴力《ぼうりょく》を憎《にく》んでいたガンディーだったが、第一次世界大戦のときには、イギリスを助けて戦争に協力することに賛成《さんせい》した。戦争のあいだ、イギリス帝国《ていこく》の一員として忠誠《ちゅうせい》をつくせば、インド人による自治が実現《じつげん》するかもしれないと考えたのだ。しかしイギリス政府《せいふ》は法律《ほうりつ》の見直しを約束したにもかかわらず、イギリスの統治《とうち》に反対する人びとへのしめつけを、いっそうきびしくしていった。

1918年、イギリス政府は、イギリスの統治に抵抗するものをきびしくとりしまるため、新しい法案を発表した。それはシドニー·ローラット卿《きょう》を委員長とする調査《ちょうさ》委員会によってつくられたもので、ローラット法と呼《よ》ばれた。この法案がみとめられれば、インド人はたとえ証拠《しょうこ》がなくても逮捕《たいほ》され、裁判《さいばん》で弁護《べんご》をうけることも、上告《じょうこく》することもできなくなる。そして

ガンディーの時代には、インドの農業はほとんど機械化されていなかった。すきを引くのも、重い荷物を運ぶのも、人間と家畜《かちく》の仕事だった。

1918年

ローラット委員会、インドの独立運動をとりしまるためには断固《だんこ》たる手段《しゅだん》が必要という報告書を提出する。

1919年1月から3月

ガンディー、インド各地でローラット法に反対する演説《えんぜつ》をする。

インド自治連盟《れんめい》

1916年、ガンディーの友人であるイギリス人女性で、インドに住んでいたアニー･ベサントらによって、インド自治連盟が設立《せつりつ》された。連盟はインドの自治権獲得のために積極的に活動し、ガンディーは1920年にこれに参加した。当時インドに住んでいたイギリス人で、インドの自治を支援《しえん》するものはめずらしかった。

反政府の文書を持っていただけで、2年間投獄《とうごく》される可能性《かのうせい》があるという、きびしいものだった。ローラット委員会は、これによってインドの独立《どくりつ》運動をおさえこむことができると考えたのだ。

インド人たちは法案に猛《もう》反対した。しかし政府は、その声にまったく耳をかたむけようとしなかった。このままでは、法案が可決《かけつ》されるのを指をくわえて見ているしかない。ガンディーはほかのインド人指導《しどう》者たちと協力し、全国で抵抗運動を始める決心をした。ガンディーが提案《ていあん》したのは、ハルタールと呼ばれる非《ひ》暴力のストライキだった。集団で仕事や学校を休み、祈《いの》りをささげたり行進をしたりして、権力《けんりょく》者に抵抗の意思をしめすというものだ。

1919年、ついにハルタールによる抵抗運動が始まった。店は閉《し》まり、人びとは仕事や学校に行くのをやめた。最初のうち、抵抗運動は平和的にすすんでいた。しかしガンディーが逮捕され、しばらくのあいだ投獄されると、各地で暴動が始まった。アーメダバードで公共の建物に火が放たれ、数人のイギリス人が殺されたという知らせが入ってきた。平和的な抵抗を願っていたガンディーは、大きなショックをうけた。

ハルタールがおこなわれているあいだ、多くの町で人びとは仕事や学校を休み、デモに参加した。それはガンディーがめざしていたような、平和的な抗議運動だった。

1919年3月30日

デリーでローラット法に対する抵抗運動と暴動が起きる。

1919年4月6日

ガンディー、ボンベイ（ムンバイ）でローラット法に反対してハルタールを指揮《しき》する。

しかしそのあとには、さらに大変な事件《じけん》が待っていた。

パンジャーブ地方のアムリトサルでは、ハルタールが平和的におこなわれていた。しかし静かな行進はとつぜんイギリス軍の攻撃《こうげき》をうけ、怒《おこ》ったインド人たちが報復《ほうふく》として数人のイギリス人を殺してしまった。その結果、パンジャーブには急きょ集会禁止令《きんしれい》が出された。ところがこの日、シーク教徒の聖都《せいと》であるアムリトサルの町では、主にシーク教徒たちからなる集会がひらかれることになっていたのである。

会場のジャリアーンワーラー公園は、三方を高い建物と壁《かべ》にかこまれた広場だった。ふたつの建物のあいだにあるせまい出入り口から、2万人の市民が広場に行進し

犠牲《ぎせい》者の数

イギリス軍はアムリトサルの群衆《ぐんしゅう》に向かって1650発の弾丸《だんがん》を発射《はっしゃ》した。発砲《はっぽう》が終わったときには、379人が死亡《しぼう》し、1137人が負傷していた。

アムリトサルは、シーク教徒の信仰《しんこう》の中心地。その象徴《しょうちょう》となっているのが、町の中心に立つ黄金寺院（写真左）である。

1919年4月13日

アムリトサルでイギリス軍による大量虐殺《ぎゃくさつ》事件が起こる。

1919年7月以降

ガンディー、インドをまわり、抵抗運動は整然とした、暴力を使わないものでなければならないと演説《えんぜつ》する。

ジャリアーンワーラー公園には、せまい出入り口がひとつあるだけだった。そのため、なかにいた何千人もの人びとは、わなに閉じこめられたような状態《じょうたい》になってしまった。

ていった。そのほとんどが、集会禁止令については何も知らない人たちだった。そこにイギリス軍のダイヤー准将《じゅんしょう》が、90人の兵士をひきいて突入《とつにゅう》し、警告《けいこく》もなしに武器《ぶき》を持たない人びとに発砲《はっぽう》したのだ。逃《に》げ道はせまい出入り口ひとつしかなく、脱出《だっしゅつ》できたインド人はほとんどいなかった。何人もの人間が殺され、多くの負傷《ふしょう》者が出たというのに、ダイヤー准将はいっさいの手当てをすることを禁じた。

ガンディーは、何が起こったのかパンジャーブまで調査《ちょうさ》に行きたいと申し出たが、許可《きょか》を得ることはできなかった。それでも、その地で恐《おそ》ろしい悲劇《ひげき》が起こったことはまちがいなかった。さらなる暴力《ぼうりょく》の連鎖《れんさ》をさけるため、ガンディーはハルタールの中止を宣言《せんげん》した。この悲劇については、自分にも責任《せきにん》があるとガンディーは感じていた。人びとがまだサティヤーグラハの精神《せいしん》を十分に理解《りかい》しないうちに、運動を始めてしまったことは、「ヒマラヤ的誤算《ごさん》（大きなまちがい）」だったと考えたのだ。

しかしこのハルタールを通じて、ひとつだけ良いことがあった。インド人がイギリスの統治《とうち》にどれほど強く反発しているか、イギリス人はあらためて気づいたのだ。これ以上インドを刺激《しげき》するのをさけるため、ローラット法の成立は見送られることになった。そしてまた、この虐殺《ぎゃくさつ》事件によって、ガンディーもまた、きびしい現実《げんじつ》に気づかされた。インドを手ばなさないためなら、イギリスはここまで非情《ひじょう》なしうちができるということだ。インド人が自治の権利《けんり》を勝ちとるための闘《たたか》いが、長くきびしいものになるだろうということを、ガンディーははっきりと感じたのだった。

1919年10月

イギリス政府《せいふ》、アムリトサル虐殺事件についての調査委員会を組織《そしき》する。

1919年12月

インド統治法公布。インド人の投票《とうひょう》人口をふやすことと、政府内でのある程度の権力をみとめる。

自由への闘い

4

逮捕《たいほ》と投獄《とうごく》

1919年、ガンディーはインド国民会議に加わり、すぐにリーダーのひとりになった。さらに1920年には、インド自治連盟《れんめい》の議長にも選ばれた。インドの独立《どくりつ》を願うさまざまなグループや、さまざまな宗教《しゅうきょう》の人びとを、ガンディーはねばり強くひとつに結びつけていった。彼《かれ》らは力をあわせて、イギリスに対する抵抗《ていこう》運動を始めた。しかしそのさなかにふたたび暴動《ぼうどう》が起こり、ガンディーはまた逮捕されることになった。

上◆虫垂炎のために釈放されたあと、ガンディーは政治活動を中止した。そのあいだ、自宅で支援《しえん》者に手紙を書いたり、インドの将来《しょうらい》のために計画を立てたりした。

前ページ◆インド独立運動で世界的に有名になってからの、年老いたガンディーの写真。若《わか》いころより、この姿《すがた》のほうがよく知られている。

多くのインド人が、政府《せいふ》への協力をこばむというガンディーの抵抗運動に参加した。イギリス人のために働くのをことわるものもいれば、イギリスからあたえられた勲章を返上するものや、イギリス製《せい》の布を買わないものもいた。そしてグジャラート地方では、税金《ぜいきん》の支払《しはら》いを拒否《きょひ》する運動が始まった。ところがこの税金不払い運動をきっかけに、また暴動が起きてしまった。ガンディーはただちに運動の中止を宣言《せんげん》したが、政府に反抗した罪《つみ》で逮捕され、懲役《ちょうえき》6年の判決《はんけつ》をうけた。しかし彼《かれ》はむしろ喜んで刑《けい》に服した。じっくりと考えたり、本を読んだりする時間が必要だったのだ。

ガンディーが投獄されているあいだに、抵抗運動に参加するものたちのあいだに分裂《ぶんれつ》が生まれていた。ヒンドゥー教徒とイスラム教徒は対立し、別々に闘《たたか》うことをのぞむようになった。いっぽうガンディーは重い虫垂炎《ちゅうすいえん》にかかり、わずか2年で釈《しゃく》

1920年9月

インド国民会議、ガンディーの提案《ていあん》した非《ひ》協力によるサティヤーグラハ運動を正式な闘争《とうそう》方法とみとめる。

1922〜24年

ガンディー、市民をあおって政府に対する暴動を起こしたとして投獄される。

1922年にガンディーが逮捕されたとき、ボンベイ（ムンバイ）でおこなわれた抵抗者たちの大規模《きぼ》な行進は３キロの長さにおよんだ。

放《ほう》されることになった。

自由になったガンディーは、ヒンドゥー教徒とイスラム教徒をひとつにまとめなければならないと決心し、双方《そうほう》の協力が実現《じつげん》するまで断食《だんじき》に入ると宣言《せんげん》した。インド人はみなガンディーをしたっていたので、彼を飢《う》え死にさせるような対立をつづけることはできなかった。それから１年後の1926年、ガンディーは政治活動から１年間身をひくことを決めた。そして休止期間のあいだ、インドの自治を実現するためにどう闘うべきか、アーシュラムでじっくりと考えることにした。

インド人の生活をよくするためには、イギリスの統《とう》治《ち》を終わらせるだけでは不十分だとガンディーは気づいた。この国には、解決《かいけつ》するべき問題がたくさんある。不可触民《ふかしょくみん》に対する差別はなくならないし、地方の貧困《ひんこん》は深刻《しんこく》だ。インドの未来のためには、イギリスに対する抵抗運動と、インド自体の変革《へんかく》を両立させていくことが必要になるだろう。

「私《わたし》はあえて危険《きけん》を選びました。たとえ釈放されたとしても、
ふたたび同じことをするでしょう……
ですから私は軽い罰《ばつ》ではなく、もっとも重い罰をうけるために
ここにいるのです。情けを求めるつもりはありません」

――1922年の裁判における声明文より、モハンダス・ガンディー――

1928年

インドの状況《じょうきょう》を調査するため、イギリスは全員が白人のサイモン委員会を設置《せっち》。ガンディーはこれに抗議して税金不払いの運動を指揮《しき》。

1929年

インド国民会議、イギリスからの完全独立を最終目標にさだめることを宣言。

塩の行進

1929年、イギリスはまだインドの独立《どくりつ》について話しあうことをこばんでいた。そこでガンディーは、新しい抵抗《ていこう》の方法を考えだした。政府《せいふ》のさだめた悪名高い塩税法《えんぜいほう》をやぶるというものだ。イギリスはこの法律《ほうりつ》で、インドの塩を集めて売る権利《けんり》を独占《どくせん》していたのだ。1930年、ガンディーは海岸までの長い道のりを行進し、堂《どう》々と自分の手で塩を集めた。この一風変わった抵抗の意味を理解するものは多くなかったが、彼《かれ》自身は自分の行動が何をもたらすかわかっていた。行進のうわさが広まるにつれ、抵抗運動に加わるインド人はふえていった。彼らは各地で塩を集め、イギリスの布を燃《も》やし、ストライキをした。運動が高まるなか、ガンディーをふくめ、多くの逮捕《たいほ》者がでた。しかし行進のニュースは各国の注目を集めることになった。

下◆ガンディーの友人、支援《しえん》者、アーシュラムのメンバーなど、78人の男女が、「塩の行進」に参加した。写真右側の女性《じょせい》は、インドの国民的女流詩人で政治家のサロジニ・ナイドゥ。彼女《かのじょ》はガンディーの熱心な支援者だった。

右◆「塩の行進」の参加者たちは、アーメダバード近郊《きんこう》のガンディーのアーシュラムから、ダンディーの海岸まで、386キロの道のりを24日間かけて歩いた。

上◆グジャラートの海岸で海水をくむ女性たち。行進のニュースが広まるにつれ、インド各地の海岸にぞくぞくと人びとが集まった。彼らはガンディーにならい、法をおかして塩をつくった。

下◆くんできた海水を沸騰《ふっとう》させ、塩をとりだしているところ。

下◆「塩の行進」をきっかけに、インド全土にふたたびサティヤーグラハ運動が燃えあがった。多くの女性たちも、初めて運動に加わった。写真はボンベイ（ムンバイ）のデモで、警官《けいかん》に暴力《ぼうりょく》をうける女性たち。

インドを立ち去れ！

「塩の行進」は成功に終わった。広がる一方の抵抗《ていこう》運動をくいとめるため、イギリスは逮捕《たいほ》したインド人をすべて釈放《しゃくほう》し、自由に塩をつくることをみとめざるをえなくなった。そしてガンディーは、インド統治《とうち》について話しあう円卓《えんたく》会議に出席するため、ロンドンにまねかれることになった。だが完全な独立《どくりつ》までの道のりは、まだ遠いものだった。

1931年、イギリスにわたったガンディーは、あたたかい歓迎《かんげい》をうけた。イギリスの市民たちは、みなガンディーのことを好きになった。彼《かれ》に会った王家の人びとや喜劇《きげき》王チャーリー・チャップリンなどの有名人たちも、その人柄《ひとがら》に魅了《みりょう》された。しかし会議自体はみのりのないものだった。ほかのインド人代表によって、不可触民《ふかしょくみん》の分離《ぶんり》選挙が提案《ていあん》されたが、ガンディーは反対した。彼は不可触民も、ほかのインド人たちと同様にあつかわれるべきだと考えていたのだ。

帰国後、ガンディーは不可触民の分離選挙法案の撤回《てっかい》を求め、ふたたび断食《だんじき》に入った。断食は成功し、法案は撤回された。その後の数年間、ガンディーは不可触民や貧《まず》しい人びとのための福祉《ふくし》事業に力をそそいだ。人びとに自分たちの手で作物を育て、栄養ある食べ物を手に入れる方法を指導《しどう》したりもした。

1935年、イギリスは新インド統治法を発布し、インドの自治を拡大《かくだい》することをみとめた。地方に

1931年の円卓会議では、インド独立問題のむずかしさが明らかになった。イギリス側とインド側は最後まで合意することができなかった。インド側の代表者たちのあいだでも議論《ぎろん》がわかれ、ガンディーはその対《たい》処《しょ》に追われた。

1931年9月～12月

ガンディー、ロンドンでの円卓会議に参加。インドの将来《しょうらい》について話しあう。

1935年

新インド統治法発布。州政府の発足など、限《げん》定《てい》的な自治がみとめられる。

特権《とっけん》をことわる

1942年に投獄《とうごく》されたとき、ガンディーは手紙を送ったり、面会人に会ったりなど、ほかの囚人《しゅうじん》にはみとめられていない多くの特権をあたえられた。しかし彼は、その特権の一部をみずからことわった。たとえば食事にかけるよぶんな費用《ひよう》などだ。ガンディーはぜいたくな食事を必要とせず、衛生《えいせい》的で食べられるものであれば十分だと考えていたのだ。

州政府《せいふ》をおき、自治にあたらせることになったのだ。1939年に第二次世界大戦が始まると、イギリスはドイツと日本を降伏《こうふく》させたのちに、インドに自治をあたえると約束した。1942年にはクリップス使節団を派遣《はけん》し、「戦後のインド共和国」案をしめした。インドの各州や藩王国《はんおうこく》が共和国に参加するかどうかは、それぞれの判断《はんだん》にまかされるという。しかしそれでは、インドがばらばらになってしまうとガンディーは感じた。おそらくは大部分がヒンドゥー地域《ちいき》になる共和国に、イスラム地域は参加したがらないだろう。実際《じっさい》にイスラム教徒のリーダーであるムハンマド・アリ・ジンナーは、以前からイスラム地域の分離国家をめざすと宣言《せんげん》していたのだ。

インド国民会議はクリップス使節団の提案を拒否《きょひ》し、「イギリスがすぐにインドを立ち去らなければ、また新たなサティヤーグラハ運動を始める」と宣言した。この「インドを立ち去れ」宣言のあと、ガンディーはほかの指導者たちとともに、反イギリス活動の罪《つみ》で逮捕《たいほ》され、ふたたびインド全土ではげしい抗議《こうぎ》行動が起きた。イギリス人がおそわれ、政府の建物には火がつけられた。ガンディーの思い描《えが》くインドの姿《すがた》は、ますます遠のいていくかに見えた。

ガンディーはムハンマド・アリ・ジンナー（左）に、統一インドの利点を説明して説得をつづけた。しかしイスラム教徒だけの分離国家を求めるジンナーは、最後まで説得に応《おう》じることはなかった。

1942年8月8日

インド国民会議派《は》の大会で、イギリスに対し「インドを立ち去れ」と宣言する決議が採択《さいたく》される。

1942年8月9日

ガンディーと妻《つま》のカストルバーイ、逮捕されてプーナのアガ・カーン宮殿《きゅうでん》に監禁《かんきん》される。

愛する人の死

「インドを立ち去れ」宣言《せんげん》のあと、ガンディーはふたたび逮捕《たいほ》され、２年間近く監禁《かんきん》された。国じゅうではげしい暴動《ぼうどう》が起きていることを悲しみ、ガンディーは平和を祈る断食《だんじき》を始めた。しかしこの監禁のあいだに、ふたつの大きな悲劇がガンディーをおそうことになった。

ガンディーとともに、妻《つま》のカストルバーイと秘書《ひしょ》のマハデヴ・デサイも監禁された。デサイは20年間ガンディーと行動をともにした人物で、彼《かれ》にとって秘書以上の存在《そんざい》になっていた。ゆたかな知性の持ち主で、ガンディーはどんな重要な問題でも彼になら相談できた。そのデサイが監禁から数日後、とつぜん亡《な》くなってしまったのだ。ガンディーのショックは大きかった。

カストルバーイは、ガンディーが逮捕されて参加できなくなった会合で、かわりに演説《えんぜつ》をすると宣言したことで逮捕された。夫が刑務《けいむ》所にいるときに、そのかわりをつとめるのは、彼女《かのじょ》にとって当たり前のことになっていた。しかしここ数年は体調をくずしがちで、何度か心臓《しんぞう》発作を起こしていた。1944年2月、カストルバーイはガンディーの腕《うで》のなかで亡くなった。ふたりは

ガンディーの秘書マハデヴ・デサイは、ガンディーがどこに行くときも、かならずつきしたがっていた。亡くなったときにも、ガンディーとともに監禁されていた。彼は最後までつとめを果たしたのだ。

1942年8月15日

ガンディーの秘書マハデヴ・デサイ、アガ・カーン宮殿《きゅうでん》で監禁中に死去。

1944年2月22日

ガンディーの妻カストルバーイ、死去。

ガンディーはカストルバーイに終生深い愛情をささげた。彼女はつねにガンディーとともに独立運動を闘《たたか》ってきた。彼女の死で、ガンディーは自分に残された時間が短いことを実感した。

60年以上のあいだ、ともに人生をあゆんできた。妻のいない人生を、ガンディーは想像《そうぞう》することもできなかった。彼自身も心労で体をこわしてしまったため、妻の死から数か月後、政府《せいふ》は彼を解放《かいほう》することにした。

ガンディーが政治活動を再開したのは、1944年秋のことだった。彼はヒンドゥー教徒とイスラム教徒のあらそいをおさめることが、何よりも大切だと信じていた。そのためにはイスラム教徒が求める分離独立《ぶんりどくりつ》について、もっと話しあう必要があった。ガンディーはインドの将来《しょうらい》についてジンナーと協議を重ねたが、ついに合意にいたることはできなかった。いっぽう1945年8月に第二次世界大戦が終わり、イギリスの状況《じょうきょう》も大きく変化しはじめていた。国内で選挙がおこなわれ、インド独立に反対していた保守党《とう》のウィンストン·チャーチルにかわり、労働党のクレメント·アトリーが政権《せいけん》をにぎることになった。新しい労働党政府は、インドを早期に独立させることを宣言した。また、インドでも選挙をおこなうこと、その後、新憲法《けんぽう》の草案について協議することなどがしめされた。インドの新しい歴史がやっと始まろうとしていた。

1942年にガンディーが逮捕されると、各地ではげしい抗議《こうぎ》運動が起きた。ボンベイ（ムンバイ）では暴徒化した市民を追いはらうために、警察《けいさつ》が発煙筒《はつえんとう》を使った。写真は煙《けむり》にやられて安全な場所に運ばれる人。

1944年9月9日

ガンディー、イスラム教徒の指導者ムハンマド・アリ・ジンナーと話しあいを始める。

1945年

第二次世界大戦終結。イギリスでは労働党が政権をとり、インドの早期独立を決める。

独立《どくりつ》、そして暗殺

独立後のインドのありかたをめぐって、国内のヒンドゥー教徒とイスラム教徒ははげしく対立していた。対立はやがて暴動《ぼうどう》につながり、インドの各地でたくさんの人びとが命を落とした。ガンディーはこの暴力の連鎖《れんさ》をとめようと、国じゅうをまわり、人びとの説得にあたった。いっぽうイギリスは、内戦という最悪の事《じ》態《たい》をさけるため、一刻《いっこく》も早く独立を実現《じつげん》させようとしていた。

最後のインド総督《そうとく》となったマウントバッテン卿《きょう》とお茶を飲むガンディー。マウントバッテン卿は、ヒンドゥー教徒とイスラム教徒の平和を保とうとするガンディーの努力を、高く評価《ひょうか》していた。

1947年8月15日、インドはついに独立の日をむかえた。しかし国はふたつに分《ぶん》裂《れつ》してしまった。イスラム教徒の多い地《ち》域《いき》はパキスタンとして独立し、東パキスタンと西パキスタンという遠くはなれたふたつの地域からなる国となった。のちに東パキスタンはバングラデシュという別の国を建て、パキスタンから分離《ぶんり》独立することになる。独立をめざす闘《たたか》いのあいだに、あまりにも多くの命が失われ、独立後もなお、ヒンドゥー教徒とイスラム教徒のあいだには、根深い対立がつづいていた。そのことをガンディーは深く悲しんでいた。

国じゅうでたくさんの人びとが独立を祝っていた。だがガンディーは、独立を祝う式典に参加する気になれなかった。その日は暴動がつづくカルカッタ（コルカタ）で、平和を祈《いの》る断食《だんじき》に入っていた。断食は成功し、カルカッタはおちつきをとりもどした。ガンディーの生涯《しょうがい》最後の断食は、デリーの暴動をとめるためにおこなわれ

1947年3月22日

最後のインド総督マウントバッテン卿、インドに到着《とうちゃく》。インド独立に向けた準備を始める。

1947年8月15日

独立記念日。この日ふたつの国家、インドとパキスタンが独立した。

インドの長い葬列は有名だが、ガンディーの棺《ひつぎ》には150万人もの人びとがつきしたがい、それまでで最大規模《きぼ》の葬列になったという。

た。しかし暴徒たちの不満はおさまらなかった。いまやその一部はガンディーにも向けられていた。ヒンドゥー教徒の過激派《かげきは》たちは、ガンディーがイスラム教徒に同情的すぎると考えていたのだ。ナートゥラーム・ゴードセーという青年も、そのひとりだった。ある日、彼は祈りの集会に向かうガンディーの足もとにひざまずいておじぎをした。そしてつぎの瞬間《しゅんかん》、ガンディーに向けてひきがねを引いた。自分の死をさとったガンディーは、最後にラーマ神の名を呼《よ》んだという。「ヘイ・ラーマ（おお、神よ）」

世界じゅうの人びとがガンディーの死を悼《いた》んだ。インド初代首相のジャワハルラール・ネルーが、古くからの盟友《めいゆう》に胸《むね》を打つスピーチをおくった。たくさんの人びとが見守るなか、ガンディーの遺体《いたい》はヒンドゥー教式に荼毘《だび》に付された。

「この国にかがやく光は、どこにでもある光ではなかった……
それは、生ける真実が放つ光だった……
その光は私《わたし》たちをあやまちからすくい、
この古い国に自由をもたらしてくれたのだ」

――ジャワハルラール・ネルー、ガンディーの葬儀《そうぎ》における演説《えんぜつ》、1948年1月――

1947年9月1日

ガンディー、ヒンドゥー教徒とイスラム教徒の融和《ゆうわ》を求める断食に入る。

1948年1月30日

ガンディー、ヒンドゥー教過激派の青年、ナートゥラーム・ゴードセーに暗殺される。

ガンディーがのこしたもの

1947年8月15日、人びとは町に出て独立を祝った。インドの人びとは、現在《げんざい》もこの日を独立記念日として祝っている。

ガンディーは人生をかけた仕事をやりとげることができなかったと感じていた。独立《どくりつ》をめざす闘《たたか》いのあいだも、独立を勝ちとってからの数か月間も、暴力《ぼうりょく》によって多くの命が失われた。彼《かれ》はそのことを最後まで深く悔《く》いていた。しかしガンディーがなしとげた仕事は、今日、高く評価《ひょうか》されている。インドだけでなく、世界の国々において、彼のあたえた影響《えいきょう》は大きなものだった。

インドの人びとにとって、ガンディーのやってきた仕事は、どれも大切な意味を持っていた。彼は貧《まず》しい人たちに手をさしのべ、きちんとした生活ができるよう力をつくした。また、糸をつむいだり布を織《お》ったりという、インドの伝統《でんとう》産業を地方でよみがえらせた。そして、差別をうけてきた不可触民《ふかしょくみん》たちが、自分と同じ人権《じんけん》を持つべき人間なのだと、人びとに気づかせた。なかでも重要なのは、何世紀もイン

1948年9月11日

イスラム教徒の指導《しどう》者ムハンマド・アリ・ジンナー死去。

1950年1月26日

インド憲法発効《けんぽうはっこう》。英連邦《れんぽう》の一員としてのインド共和国が誕生《たんじょう》する。

ドを支配《しはい》してきたイギリスの助けがなくても、インドが独立した国として繁栄《はんえい》していくことができると、国民に自信を持たせたことだった。

独立運動におけるガンディーの働きも、貴重《きちょう》なものだった。もし彼がいなければ、独立はもっと遅《おく》れていただろうし、その条件《じょうけん》は今よりきびしいものになっていたにちがいない。闘いのなかで多くの血が流されたことをガンディーはずっと悲しんでいた。しかし平和を求める彼のねばり強い努力がなければ、もっと多くの人命が失われていただろう。

インド以外の人びとは、暴力にたよらずにどれほどのことをなしとげられるかを、今もガンディーから学びつづけている。外国に支配された国が自由を勝ちとるには、武力《ぶりょく》にたよるしかない。だがガンディーは、サティヤーグラハ運動が、軍隊に負けない力を持つことをしめしたのだ。彼は非《ひ》暴力による抵抗運動を実行した最初のリーダーだった。アメリカで黒人の権利のために闘ったマーティン・ルーサー・キング・ジュニアも、ガンディーのやり方に勇気づけられたひとりだった。暴力にたよることなく、世界をよくしていこうとする人びとは、みなガンディーの遺産《いさん》をうけつぐものたちだ。ネルーが葬儀《そうぎ》のときにのべた言葉は、彼らの気持ちをよく表している。

「彼に恥《は》じない存在《そんざい》になろう。どんなときもそうあるようつとめよう」

2004年ムンバイで、公正な社会の実現をめざす「世界社会フォーラム」が開催《かいさい》された。このときのデモ行進で、多くの人がガンディーの写真をかかげていた。現代においても、平和的に自由を求める社会運動家たちにとって、“マハトマ”ガンディーは心のささえとなっている。

1964年

マーティン・ルーサー・キング・ジュニア牧師《ぼくし》の非暴力運動が実を結び、アメリカで新公民権法が成立。

2005年

インドとパキスタンは、国境《こっきょう》のカシミール地方の領有《りょうゆう》権をめぐり、現在《げんざい》もなお論争《ろんそう》をつづけている。

用語解説

アーシュラム　ヒンドゥー教の修行《しゅぎょう》者たちが、社会からはなれ、指導《しどう》者に導《みちび》かれて共同生活をおくる場所。

イスラム教《きょう》　キリスト教・仏教とともに世界三大宗教《しゅうきょう》のひとつ。唯一《ゆいいつ》の神アラーを信じるもので、610年ごろマホメッドが始めた。特に西アジア・中東諸国《しょこく》に多くの信者を持つ。インドにもまだ多数の信者がいる。

インド国民会議《こくみんかいぎ》　1885年に成立したインド最大の政党《せいとう》。国民会議派《は》ともいう。もとはインドの穏健《おんけん》な知識層《ちしきそう》がイギリスと政《せい》治《じ》問題について話し合う目的でつくられたが、のちに独立《どくりつ》運動の指導的組織《しどうてきそしき》となる。

インド自治連盟《じちれんめい》　1916年、インドのティラク、イギリスのベサントらにより、インドの独立と自治をめざして設立《せつりつ》された組織。

カースト　インドの身分制度《せいど》。バラモン（僧侶《そうりょ》）、クシャトリヤ（王族・兵士）、ヴァイシャ（商人）、シュードラ（労働者）の4つがある。カーストは親から子へうけつがれるもので、ちがうカーストのあいだでは結婚《けっこん》もできなかった。

カダール織《お》り　インドの素朴《そぼく》な手織り木綿《もめん》。

キング、マーティン・ルーサー、ジュニア　アメリカの公民権運動の指導者で、非暴力主義で運動をつづけた。1964年ノーベル平和賞受賞。1968年に暗殺される。

サティヤーグラハ運動《うんどう》　サンスクリットのサティヤ（真理、真実）とアーグラハ（主張《しゅちょう》、把握《はあく》）という言葉を組み合わせた造語《ぞうご》で、ガンディーがすすめた非暴《ひぼう》力《りょく》・不服従《ふふくじゅう》の抵抗《ていこう》運動をさす。具体的には、政府《せいふ》の命令に従わない、税金《ぜいきん》を払《はら》わない、ストライキをするなどの方法がとられた。ガンディーは、たとえ目的が正しくとも、それに到達《とうたつ》するための手段《しゅだん》がまちがっていてはならないと説《と》き、非暴力による抵抗こそが真理に到達する道だと考えた。

サンスクリット　古代・中世のインドで公用語として用いられていた言語で、文学・宗教などの記述《きじゅつ》に使われた。「ラーマーヤナ」もサンスクリットで書かれている。

シーク教《きょう》　16世紀にインド北西部のパンジャーブ地方で始まった宗教。ヒンドゥー教から派生したが、イスラム教の強い影《えい》響《きょう》をうけている。総《そう》本山はパンジャーブ州アムリトサルの黄金寺院。

ジャイナ教《きょう》 インド古来の宗教で、あらゆる生き物の殺生《せっしょう》を禁《きん》じるなど、きびしい苦行《くぎょう》と禁欲主義《きんよくしゅぎ》を説く。

植民地《しょくみんち》 ある国に、経済《けいざい》的・政治的に支配《しはい》されている国や地域《ちいき》。16世紀の大航海《こうかい》時代以降《いこう》、ヨーロッパ諸国《しょこく》は世界各地につぎつぎと植民地を拡大《かくだい》した。

総督《そうとく》 植民地や属国《ぞっこく》の政治、軍事を総監督《かんとく》する人。インドの総督はイギリス政府によって任命《にんめい》され、女王の代理としての役割を果たした。

断食《だんじき》 祈願《きがん》や修行のために一定期間食事を断《た》つこと。ガンディーはしばしば非暴力的な抗議《こうぎ》手段として断食をおこなった。

ネルー、ジャワハルラール ガンディーとともに、インド独立運動を闘《たたか》った政治家。インド国民会議派を指導。独立後のインド初代首相となった。

ハルタール インドで古くからおこなわれてきた、政治的な抗議手段《しゅだん》としての同盟《どうめい》休業。集団で仕事を休み、集会をひらいたり、断食をしたり、祈りをささげたりする。

藩王《はんおう》 インド亜《あ》大陸に古くからいくつもあった小王国の支配者。イギリスの支配下では半独立を保った。

ヒンドゥー教《きょう》 インド古来のバラモン教が、民間信仰《しんこう》や習俗《しゅうぞく》をとりいれて発展《はってん》した民族宗教。現在《げんざい》もインドでは多数派を占《し》める。

不可触民《ふかしょくみん》 インドのカースト制度で、カーストの外におかれた最下層身分の人びと。上位カーストから、触《ふ》れるとけがれると差別された。法律《ほうりつ》上の差別は撤廃《てっぱい》されたが、根強い偏見《へんけん》は現在も残っている。

ボーア人《じん》 17世紀に南アフリカに入植《にゅうしょく》し、現地に住みついた白人（主にオランダ系《けい》移民《いみん》）とその子孫たち。

マハトマ インドで崇高《すうこう》な人格者におくられる尊敬《そんけい》をこめた呼《よ》び名で、「偉大《いだい》なる魂《たましい》」という意味。

ラーマーヤナ 紀元3世紀ごろに成立した古代インドの大叙事《じょじ》詩。ヴィシュヌ神の化身《けしん》である王子ラーマと、その妃《ひ》シータ、魔王《まおう》ラーヴァナとの戦いを描《えが》く。

参考文献

Books about Gandhi:

The Life and Death of Mahatma Gandhi, Payne, Robert, published by Bodley Head, 1969

The Life of Mahatma Gandhi, Fischer, Louis, published by Harper Collins, 1997

Mahatma Gandhi, Adams, Simon, published by Franklin Watts, 2002

Mahatma Gandhi: His Life and Influence, Kumar, Chandra, & Puri, Mohinder, published by Heinemann, 1982

M.K. Gandhi: An Autobiography, Gandhi, Mohandas, published by Penguin Books, 2001

Books about the history of India:

A Concise History of India, Watson, Francis, published by Thames & Hudson, 1974

A History of India, Stein, Burton, published by Blackwell, 1998

A History of India Volume 2, Spear, Percival, published by Penguin Books, 1965

The Lion and the Tiger: The Rise and Fall of the British Raj, Judd, Denis, published by Oxford University Press, 2004

マイケル・ニコルソン『伝記　歴史を変えた人びと9　ガンジー』坂崎麻子訳、偕成社　1992年

『ガンジー自伝』蝋山芳郎訳、中公文庫、1993年

ヴェド・メータ『ガンディーと使徒たち　「偉大なる魂」の神話と真実』植村昌夫訳、新評論　2004年

◆関連ウェブサイト

www.mkgandhi.org
ガンディーの生涯について詳しく紹介。

www.mahatma.com
ガンディーの生涯と当時のインドに関するサイト。

www.indianchild.com/history_of_india.htm
ガンディーをはじめ、独立運動その他、インドに関するさまざまな情報を提供。

索　引

フィリップ・ウィルキンソン Philip Wilkinson
歴史・芸術・宗教の分野で、児童書から専門書まで幅広く執筆。主な著書に、『Amazing Buildings』（全米建築家協会賞受賞）、『A Celebration of Customs and Rituals』（国連推薦図書）他。邦訳書に『世界の建物たんけん図鑑』『世界の建物事典』など。

翻訳◎子安亜弥（こやす あや）
南山大学外国語学部英米学科卒。訳書に「ねずみの騎士デスペローの物語」「愛をみつけたうさぎ」（以上、ポプラ社）、「ぼくと1ルピーの神様」（ランダムハウス講談社）他。

協力◎デニス・ジャド Denis Judd
ロンドン・メトロポリタン大学教授（南アフリカおよびインドを中心とする大英帝国・イギリス共和国史）。王立歴史教会会員。テレビ、ラジオでの解説もてがけ、BBC放送の「History」誌顧問。主な著書に、『Balfour and the British Empire』、『The Victorian Empire』、『The Evolution of the Modern Commonwealth』、『Jawaharlal Nehru』、『The Lion and Tiger: The Rise and Fall of the British Raj』他。

謝辞・クレジット

B = bottom, T = top, L = left, R = right.

Front cover Getty Images/Hulton Archive; **1** Corbis/© Bettmann; **3** TopFoto/Dinodia; **4T** TopFoto/Dinodia; **4B** Getty Images/Hulton Archive; **5T** Getty Images/Hulton Archive; **5B** Getty Images/Hulton Archive; **7** TopFoto/Dinodia; **8** TopFoto/Dinodia; **9** Getty Images/Hulton Archive; **10** The Bridgeman Art Library/Royal Asiatic Society, London; **11** The Bridgeman Art Library/Private Collection; **12** Scala, Florence/Philadelphia Museum of Art; **13** Scala, Florence/Public Record Office, London; **14T** Corbis/© Hulton-Deutsch Collection; **15T** The Bridgeman Art Library/Private Collection; **15B** Getty Images/Hulton Archive; **16** TopFoto/Dinodia; **18** Scala, Florence/HIP/British Library, London; **20** Scala, Florence/HIP/ British Library, London; **21** The Art Archive/British Library; **23** Getty Images/Hulton Archive; **24** TopFoto/Dinodia; **25** Getty Images/Hulton Archive; **26T** Scala, Florence/HIP/Ann Ronan; **26B** Getty Images/Hulton Archive; **27TL** The Bridgeman Art Library/Archives Charmet; **27TR** Private Collection; **27B** The Bridgeman Art Library/© The Trustees of the Chester Beatty Library, Dublin; **28** Corbis/© Tim Wright; **29** Getty Images/Hulton Archive; **30** TopFoto/Dinodia; **31** TopFoto/HIP/Jewish Chronicle Ltd; **32** Getty Images/Hulton Archive; **33** TopFoto/Dinodia; **35** Getty Images/Hulton Archive; **36** Getty Images/Hulton Archive; **37T** TopFoto/Dinodia; **37B** Getty Images/Time Life Pictures; **38** Getty Images/Time Life Pictures; **39** The Bridgeman Art Library/Private Collection; **40–41** Getty Images/Hulton Archive; **40** Getty Images/Time Life Pictures; **41T** Getty Images/Time Life Pictures; **42** Corbis/© Scheufler Collection; **43** TopFoto/Dinodia; **44** Corbis/© Blaine Harrington III; **45** TopFoto/Dinodia; **47** Getty Images/Hulton Archive; **48** Getty Images/Hulton Archive; **49** Corbis/© Bettmann; **50** Getty Images/Hulton Archive; **51TL** Corbis/© Bettmann; **51TR** Corbis/© Bettmann; **51B** TopFoto/Dinodia; **52** Getty Images/Hulton Archive; **53** TopFoto/Dinodia; **54** Getty Images/Time Life Pictures; **55T** Link/Dinodia; **55B** Getty Images/Hulton Archive; **56** TopFoto/Dinodia; **57** TopFoto/Dinodia; **58** Getty Images/Hulton Archive; **59** Getty Images/Robert Elliott/AFP.

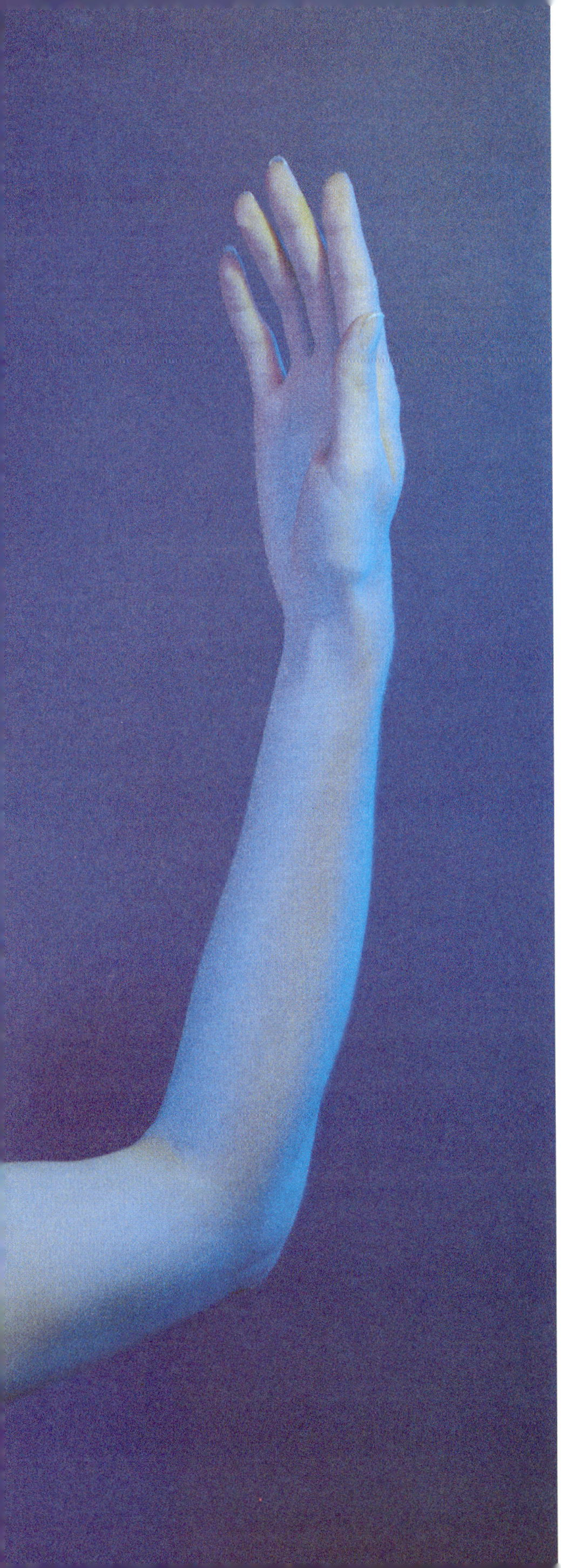

Chapter Two

身体の基本を知りましょう

エクササイズを始める前に、
身体をチェックする時間をとりましょう。
姿勢や身体の動かし方には
悪い癖があるものです。
それを見つけて、正してから、
エクササイズを始めることが
とても重要です。

ピラーティスを始めるためには、
姿勢と呼吸という基本を欠かすことができません。
エクササイズはすべて
これらの基本にもとづいてできています。
この章では、床や鏡を使うだけの
簡単なエクササイズで、あなたの姿勢と
呼吸をチェックする方法を紹介します。
エクササイズを始める前に、
ここで基本をチェックする時間をとってください。
そうすれば成果が10倍になってあらわれますよ！

筋肉の名前

ピラーティス法では、とても正確に集中して筋肉を使います。大切なことは運動の質です。エクササイズの中には、たくさんの筋肉を同時に動かすことがよくあります。筋肉の中には、あまり使われなかったせいで弱くなっているような筋肉もあり、位置を確認するのが難しいかもしれません。このページでは、おもな筋肉グループがどこにあるかを示しています。ピラーティス法で、これらの筋肉をどのように使うかについては、139ページの『用語の説明』で詳しく説明しています。

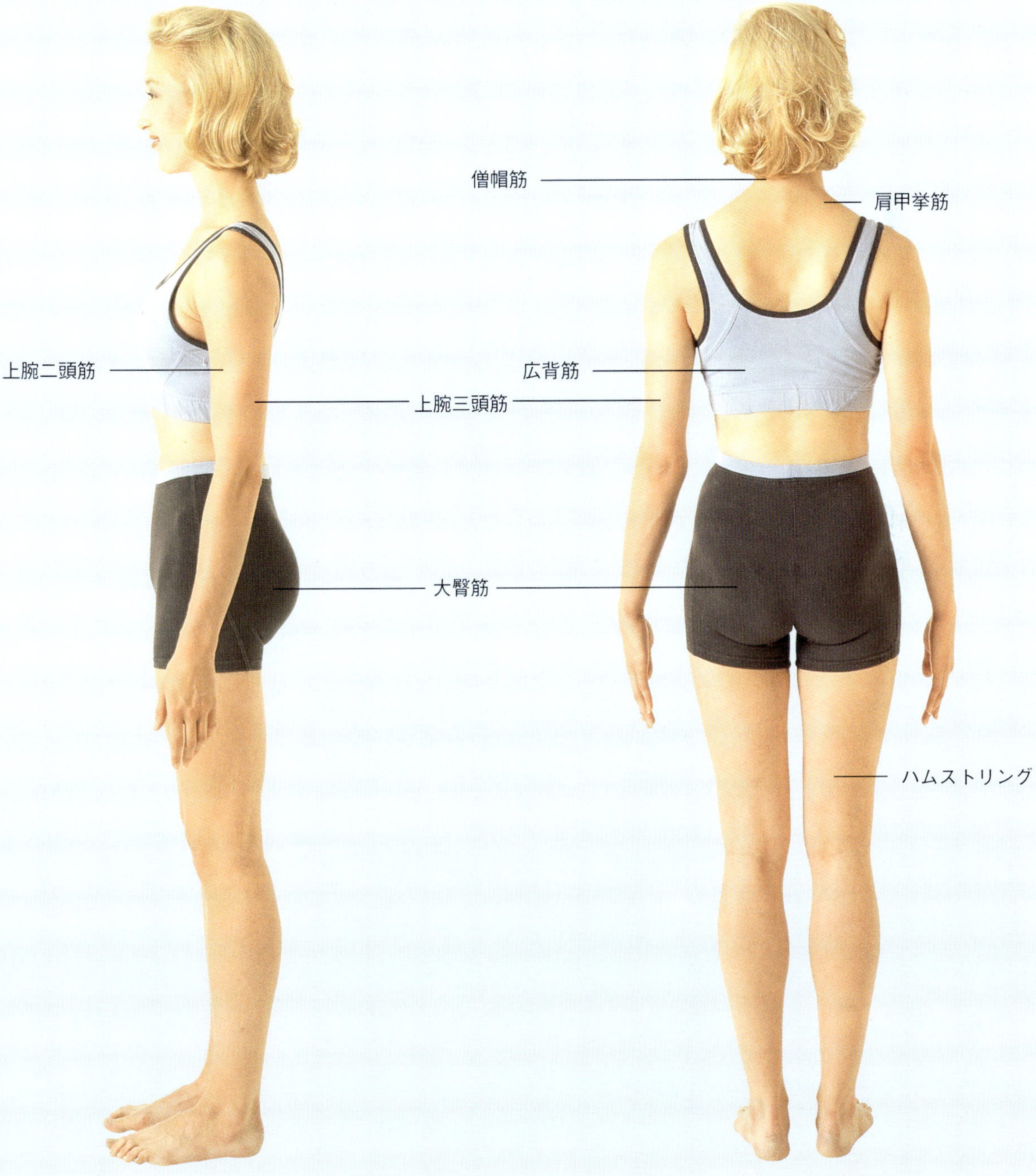
僧帽筋
肩甲挙筋
上腕二頭筋
広背筋
上腕三頭筋
大臀筋
ハムストリング

良い姿勢と悪い姿勢

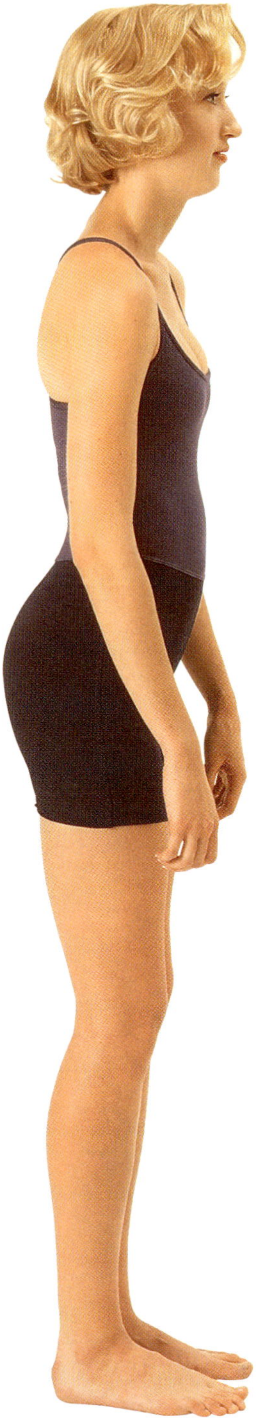

　ピラーティス法の大きな特長のひとつは、バレエダンサーのようにゆったりとした優雅な体格になり、姿勢がのびることです。しかし、そのような外見上のことだけでなく、姿勢を良くすることはエクササイズを行う上でも絶対に必要で、最高の効果を導くことにもつながります。エクササイズ中、腹筋で姿勢を支えていなければ、背中を痛めるおそれがありますし、首と肩が凝った状態で腕を動かせば、ますます凝りがひどくなり、頭痛を起こしかねません。

　このページの悪い姿勢の写真は大げさに見えるかもしれませんが、ここであげる問題点がすべてあてはまる状態でエクササイズを始めるのは大変なことです。これは、もっとも一般的な悪い姿勢の特徴です。鏡の前に立って、この写真と見比べながらセルフチェックを行うとよいでしょう。鏡に正面からと横からの姿を映し、あなたのテンポでチェックを進めてください。

頭と首

　顎《あご》が突き出ていたり、上を向いたりしていませんか？　そうなっているのであれば、脊椎《せきつい》が身体の連なりからずれ、首の後ろの筋肉が縮んでいるはずです。忘れがちですが、首の後ろは脊椎《せきつい》の一番上の部分であり、そこを圧迫すると脊椎《せきつい》そのものに圧力がかかり、ゆがんでしまいます。頭と首を正しい位置にするためには、まっすぐ前を見て、顎《あご》を軽く後ろに引きます。頭のてっぺんに糸をつけられ、身体から上に引っぱられているような感じで、首と脊椎《せきつい》を長くします。

肩と腕

　ここは身体の中でもとくに凝りやすく、悪い姿勢や頭痛を引き起こす原因となる場所です。鏡で確認してみましょう。肩と背中が丸くなり前屈みになっていませんか？　あるいは、いばった将軍のように胸を張り、さも偉そうにそっくり返っていませんか？　左右の肩の高さは同じですか？　いつも同じ肩にバッグをかける癖があると、そちらの肩は筋肉が緊張して高くなってしまいます。この写真のように、両肩を自然に下ろし、高さをそろえ、首を長くしてみてください。両腕はリラックスした状態で下ろし、手と手首の力を抜きます。腕を動かす動作は、肩ではなく、常に背中の中心部から始まります。エクササイズを行っているときに首や肩に力が入ってしまったら、何度か肩を回してほぐしてから、エクササイズにもどりましょう。

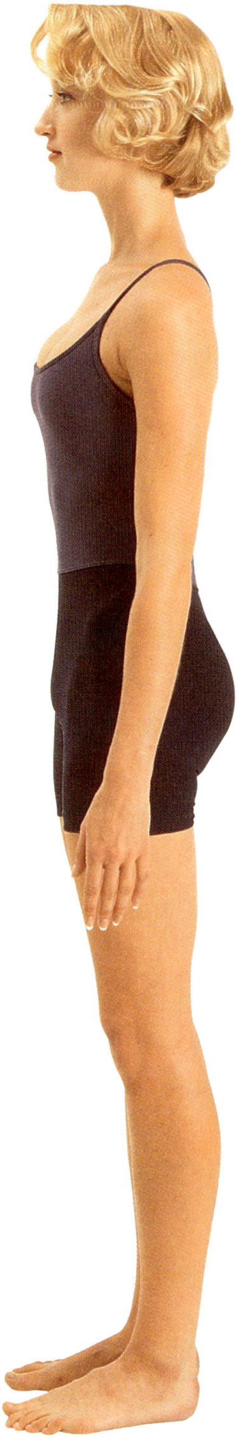

背中とお腹《なか》

“おへそを背骨に引きよせて”がピラーティスのマントラです。この動きが良い姿勢をとる基本となるため、ピラーティスのほとんどのエクササイズの第1ステップになっています。鏡の前で横向きに立ってください。腰が入って骨盤が前に傾き、背中が反っていませんか？　お腹《なか》、とくに下腹部が突き出ていませんか？　へっぴり腰になっていませんか？　さあ、おへそを背骨に引きよせた自分の姿を見てみましょう。腰が起きて背が伸び、全身が引き上げられた感じがしませんか？　この姿勢でエクササイズを行えば、背中や腰を保護しながら腹筋を鍛えることができます。

お尻《しり》

おへそを背骨に引きよせると、骨盤がかすかに上に傾く感じがします。このポジションを保つために、お尻《しり》の底の筋肉をやさしく締めておかなければいけません。この筋肉はピラーティスの“セントラル・ガードル（胴体の筋群）”の3つめの要素です。ほかの2つの要素は腹筋と背中の中央にある広背筋です。この3つが一緒になって、身体を完璧《かんぺき》な連なりにして支えます。

脚と足

エクササイズを行う上で“脚を伸ばして”という指示があれば、膝《ひざ》の伸ばし方に気を付けましょう。膝《ひざ》を押し込んではいけません。脚全体が腰から引き抜かれるような感覚で長くするのです。また、足もとの動作は2通りあります。ひとつは、足首を直角に曲げる“フレックス”です。“フレックス”では、脛《すね》の外側の筋肉が凝ったり、つったりしないように、脚の裏側を伸ばし切り、つま先が反らないよう注意しましょう。もうひとつの動作は、つま先から足の甲までをまっすぐ伸ばす“ポイント”です。“ポイント”のときは、絶対に指をまるめ込まないように気を付けてください。

セルフチェック：脊椎《せきつい》（脊柱《せきちゅう》）

脊椎《せきつい》の位置（ロールダウン）

ピラーティスは“頭をつかうエクササイズ”と呼ばれることがよくありますが、まさにその通りです。ピラーティスは、身体のすべての部分を意識するように綿密に考えられた深みのあるエクササイズ法だからです。たとえば単純なサイドストレッチであれば、ほかのエクササイズ法はその部分を動かすだけでしょう。しかし、ピラーティスでは全身を働かせます。ストレッチを行う前に、運動にかける力は“セントラル・ガードル（胴体の筋群）”から出すこと、首と肩を緊張させないこと、正しい筋肉を使うことを確認しましょう。姿勢と全身の連なりをチェックし、正すのに役立つエクササイズがロールダウンです。ロールダウンを行えば、ハムストリングがどれほど固くなっているかもわかります。

▶ 1の動き

鏡を横に、足を肩幅に開き立ちます。前ページの注意を意識し、姿勢を正して立ちましょう。脇の筋肉を引き下げると、首が長くなり、背中がリラックスして肩や腕が楽に下ります。おへそが背骨に引きよせられると、前にも述べたように腰が起きて、背が高くなるように思えるはずです。

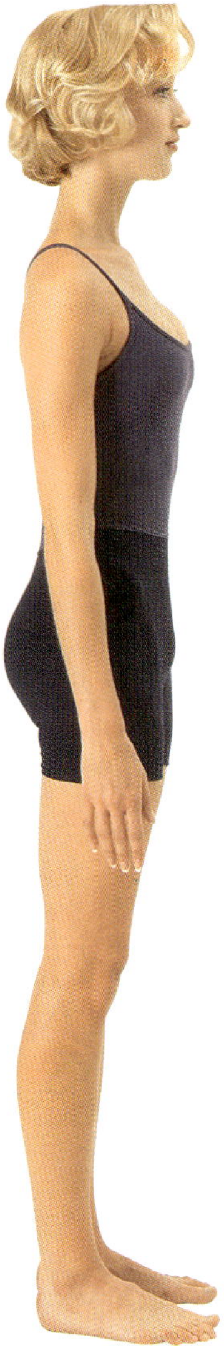

▼2の動き

顎《あご》と頭の力を抜いて下げます。首の後ろから背中の上部を通るカーブがなめらかに続くように肩と上背部を丸め、そのまま徐々に前に曲げていきます。

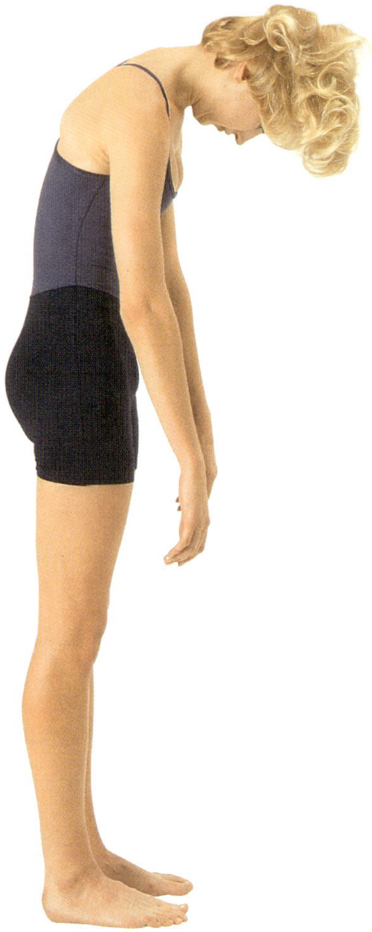

▼3の動き

さらに背中から腰全体へと、ゆるやかにカーブを続けます。両腕は力を抜き自然に下げます。身体の重心が後ろにかかると、お尻《しり》が後ろに引けてしまいます。身体はまっすぐ真下に下げましょう。下がるにしたがって背骨と背骨のつなぎ目が広がっていくことを感じてください。

▼4の動き

ゆっくりと息を吐きながら、頭や腕、肩の力を抜いて背中を丸くして、下から起き上がってみましょう。おへそは背骨の方に引きよせ、背骨の1つ1つがなめらかに立ち上がってくるようにします。太腿《もも》の裏と臀部のつなぎ目が骨盤を正しく支え、胴が伸び上がり、両肩が正しい位置になり、頭の位置が背骨の延長にあれば、軽く、背が高く引き上がったことを感じるはずです。この動作は、日ごろ身体の疲れを感じている時に、正しい姿勢にしたり、身体の状態を確認したりすることができる方法です。1から4の動きは、いろいろなエクササイズを始める前の、ウォーミングアップ・プレパレーションとして、なめらかに行うことをおすすめします。

セルフチェック：上半身

上半身は毎日の生活のストレスが集まる場所です。凝りが目に見えてあらわれ、問題の原因にもなります。筋肉が固くこぶ状になり、肩は丸く、脊椎《せきつい》はゆがみ、息づかいは浅くなり、頭痛も起こります。ピラーティス法では、脊椎《せきつい》を長くし、肩をリラックスさせ、首を伸ばし、頭を優雅に支えながら、上半身をほぐします。

まず鏡の正面に立ち、自分の姿を確認します。頭は首の延長にありますか？　首が縮んで、顔が前に突き出ていませんか？　肩の高さはどうですか、片方が高くなっていませんか？　猫背になって、胸がより、だらしなく下がっていませんか？

今度は身体の側方を見てみましょう。肩甲骨が突き出ていませんか？　頭が前に下がっているせいで、顎《あご》が突き出ていませんか？　正しい重心線は、足の裏の中心から膝《ひざ》の横を通り、股関節、ウェストの脇、肩、耳、そして天井に抜ける一線となるはずです。

20ページと21ページの写真を参考にしてください。22ページの1から4の動きは、姿勢や重心線を正すのに役立ちます。ここで紹介する2つのエクササイズは、身体の緊張をほぐしたり、正しい姿勢を維持したりするのに役立ちます。

ショルダーリフト（肩上げ）

後からこの単純なエクササイズをさらに進めますが、ここではまず、肩をリラックスさせ、本来の位置に下ろすために行います。鏡に向かい、3回繰り返すと、肩の位置がだんだんと変化するのがわかるはずです。

1の動き

正しい姿勢で立ち、腕は身体の横に楽に下ろします。息を吸いながら、肩をできるだけ高く、耳に向かって引き上げ、そのままゆっくり5まで数えます。

2の動き

息を吐きながら、すとんと肩を下ろしましょう。首が楽に伸び、両肩の高さが揃うように調節してください。これが、生涯維持してゆきたい姿勢です。

アームプレス（腕押し）

このエクササイズをすれば、すべての腕の動きがどこから発生するのかがわかります。腕を動かすときに間違った筋肉を使うと、首と肩の凝りの原因になることが多いものです。腕をいろいろな方向に上げたり伸ばしたりするとき、肩から動かす人がほとんどです。ところが、実際、腕は背中のずっと下のほうから動かし、広背筋と、僧帽筋の下部、肩甲骨付近の筋肉を使います。こうすることで姿勢は良くなり、凝りは減り、腕が優雅に動かせるようになります。

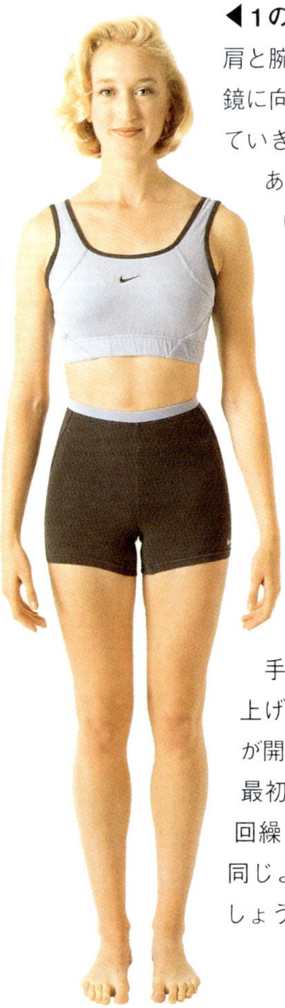

◀1の動き

肩と腕をリラックスさせ、首を長く伸ばし、鏡に向かって立ちます。腕を後ろに動かしていきますが、始める前に、肩甲骨の裏にある筋肉（広背筋）が締まり、引き下げられるのを感じましょう。肩がかすかに下がるのがわかるはずです。

▶2の動き

腕をまっすぐにし、手のひらを後ろに向け、手のひらが一番高くなるところまで一気に後ろに引き上げます。広背筋が働いているのを感じるでしょう。手のひらを上げながら、できるだけゆっくり後ろに伸ばします。肩が上がってきたり、手が内側に回ってきたりしたら、高く上げすぎです。正しく行えば、同時に胸が開くのを感じるはずです。

最初のポジションにもどり、3回から5回繰り返します。この感覚を覚えたら、同じようにして広背筋を使うようにしましょう。

セルフチェック：セントラル・ガードル（胴体の筋群）

ジョウゼフ・ピラーティスによれば、彼の考案したエクササイズは、すべて胴回り（体幹の中心部）が土台となって行われることを信念としています。ピラーティスは、この部分を“セントラル・ガードル（胴体の筋群）”と呼びました。具体的には、広背筋、腰の位置を正しく安定する深部も含めたお腹《なか》の筋肉、そして骨盤を覆う臀部のつながりを指します。実際、本書のすべてのエクササイズでは“息を深く吸って、吐きながら、おへそを背骨に引きよせて”と、おへその動きが必ず最初にきます。弾力のある、意志の通じる腹筋が、胴体を安全に支え、正しい姿勢をつくるからです。おへその動きを行った上でエクササイズを行うと、良い結果を生みます。また、静かに息を吐きだすことで、精神的にリラックスでき、動きに集中できます。セントラル・ガードルを土台にすることが、使うべきではない筋肉に余計な緊張や負担をかけるのを防ぐことにつながります。この“胴回り”への意識がベースになっていると、エクササイズのレベルが上がるにつれ、成果が期待できるというわけです。この部分をマスターしていなければ、どんなに数多くのエクササイズを行っても正しい結果は望めません。かえって間違った筋肉が発達したり、腰痛を引き起こしかねませんから、時間をかけて、正しい姿勢でエクササイズを積み重ねてください。

腹筋は身体を支えるのにとても重要な役割を果たしますが、概してこの部分が弱いため背部に問題を抱えている人が大勢います。エクササイズはもちろんですが、日常も、この部分をきちんと意識して動作を行えば、外観の美しさだけでなく、健康で、しなやかな、内側から元気が溢れるような身体で生活できるでしょう。28ページで紹介するペルヴィック・ティルト（骨盤の傾け）エクササイズは、とてもよく考えられている運動ですが、正しい行い方を無視して「えい」とばかりにお尻《しり》を持ち上げたりすると、意味のない、単なる無駄な動作になってしまいます。正しく行うことが重要ですから、まずは入門の基本動作を正しく、確実にマスターしてください。お腹が長く引き伸びるはずのところが、逆に出っ張ってしまったり、固くなってブルブル震えだしたら、すぐにストップしてください。ピラーティス法においては、痛みを我慢する行為は、根本的に運動とは違うものなのです。

最初のエクササイズとして「コサック」を行いましょう。腰の向きを正面に維持するときに腹筋を使い、動作を行うときに広背筋（上体の筋肉）を使います。このエクササイズでは、背骨の動きを滑らかにする、筋肉の柔軟性が得られます。

コサック

このエクササイズは4章のレベル1に出てきます。ここでは強さと柔軟さをチェックするのに使います。座っても立ってもかまいませんが、鏡に向かい、身体が何をしているのかをはっきり見えるようにします。2回か3回繰り返し、1回ごとにだんだん動きを大きくします。

1の動き

座っても、立ってもかまいません。鏡の前で腕をゆるく組み、その腕が胸骨と平行になるようにします。首と肩が緊張してしまいますから、手をきつく握ってはいけません。首と肩はリラックスさせておきます。ヒップは前向きにし、エクササイズ中は動かしません。息を吸って、吐きながら、背中の広背筋を引き下げ、おへそを背骨に引きよせます。

2の動き

腰を正面に向けた姿勢のまま、息を吐きながら胸部をゆっくりとまわしていきます。まずウェストをまわし、続いて胸、肩、顔の順番に動きをつなげていきます。首に力が入ったり、肩が上がったり、背骨がねじれたりしないように注意してください

3の動き

息を吸いながら、最初のポジションにもどります。肩が左右同じ高さで、リラックスしていることを確認してください。

4の動き

反対の方向にゆっくりまわし、繰り返します。また最初のポジションにもどし、両側に2、3回ずつ繰り返します。前向きのポジションにもどったときには、必ず肩の確認をしましょう。

ペルヴィック・ティルト（骨盤の傾け）

4章のレベル1で行うペルヴィック・ティルト入門と同じです。ここでは姿勢をチェックし、腹筋の位置を確認するために行います。膝《ひさ》を曲げ、足の間を7cmほどあけて、仰向《あおむ》けに寝ます。肩と首に力をいれず、腕はリラックスさせて、身体の横に下ろします。腰と床の間がどれぐらいあいているのかを確認しましょう。ほんの少しだけあいているのが理想です。そこで息を吸い、吐きながら、おへそを背骨に引きよせて、腰と床の間が狭くなっていくのを感じます。本書のエクササイズをするときに思い出してほしいのが、この感覚です。

◀1の動き

椅子《いす》のかどに土踏まずを置き、床に対して腿《もも》が直角、ふくらはぎが平行になるようにして、仰向《あおむ》けになります。背中をあまり反らさないようにして、膝《ひさ》の間にたたんだタオルをはさみます。こうすると、エクササイズ中、骨盤を正しい位置に維持することができます。

▼2の動き

深く息を吸って、吐きながら、おへそを背骨に引きよせ、背中が床にぴったりとつくのを感じましょう。同時に、お尻《しり》の底の筋肉を締めます。腹筋が長くなり、すくわれるのを感じるはずです。このへこみは、後で紹介するさらに進んだペルヴィック・ティルトで、床から身体を起こす時に必要になります。

セルフチェック自己診断チャート

この章を読んで、姿勢を左右する部位の中に、もっと運動しなくてはいけない部位があると気づいたかもしれません。しかし、落ちこまないでください。問題となるところがなければ、助けなど必要なくなってしまいます。これからあげる一般的な問題点にあてはまるかどうかをチェックし、おすすめする4章のエクササイズを使って治すようにしましょう。始めるときは必ずウォームアップからです。

1　横向きに鏡の前に立ったとき、

→お腹《なか》が出ていませんか？
→お尻《しり》が出ていませんか？
→下背部が前に曲がっていませんか？
→顎《あご》が突き出し、上を向いていませんか？

あてはまる場合は、セントラル・ガードルの運動をし、腹筋、お尻《しり》の筋肉、ハムストリング、広背筋を鍛えます。64、68～69、91、92～93、96、100、108、109、133ページのエクササイズを行いましょう。

2　肩が凝って固くなっていませんか？

→肩が前かがみになり、猫背になっていませんか？
→肩が後ろにきつく引っぱられる感じで、背中と首まで緊張していませんか？

あてはまる場合は、肩のエクササイズが必要です。51、60～61、63、80ページを見ましょう。

3　脚はまっすぐに伸びた感じがしますか？

しない場合は、70～71、88～89、116～117ページの脚を鍛えるエクササイズを行いましょう。

4　膝《ひざ》の上の筋肉がたれていませんか？

たれている場合は、72～73、98～99、129ページのリミーディアル・レッグのエクササイズを行いましょう。

5　22ページのロールダウンを行ったとき、下背部とハムストリングがきつく感じませんでしたか？

あてはまる場合は、52、100、133ページのエクササイズをして、伸ばしましょう。

6　28ページのペルヴィック・ティルトを行ったとき、腹筋が膨らみませんでしたか？

膨らんだ場合は、48～49ページのウォームアップから始めましょう。

7　セルフチェックのエクササイズを行いながら、呼吸のことを意識しましたか？

しなかった場合は、50ページのスカーフを使ったウォームアップを行いましょう。

忘れてはいけないのは、**緊張と苦痛が目的ではない**ということです。できることを行えば、徐々に、しかし確実に姿勢が良くなっていることに気付くはずです。

Chapter Three

スタジオで行う
ピラーティス

**ピラーティススタジオは、
ほかのジムとはかなり様子が違います。
静かな落ち着いた雰囲気で、
クラシック音楽が心をなごませます。
はずんだリズムが流れる
エアロビクススタジオなどは
光年のかなたのようです。**

スタジオでは、スプリングや滑車、
ウェイトなどの抵抗を使って運動をするため、
ピラーティス法特有の身体を伸ばし、
強くするエクササイズの効果が早くあらわれます。
経験をつんだピラーティスインストラクターの
指導のもと、完璧《かんぺき》な姿勢を取りもどし、
全身を鍛え、引き締めることができます。
固い股《こ》関節や締まりのない腕など、
問題のある部位を安全な方法で扱い、
心と身体両方の緊張を
身体の内側からやさしく取りのぞきます。

体格は人によって異なり、能力や悪い癖、最大限に出せる力も異なります。そのため、ピラーティススタジオでは、それぞれの身体にあわせて作られた個人プログラムに従ってエクササイズを進めます。どんなエクササイズ法を行うときも、非現実的な期待をするものですが、ピラーティス法は、実際に個人個人が解剖学上可能な範囲で、徹底的に体格を変えることができます。

家で行えるエクササイズがほとんどであるにもかかわらず、スタジオを利用するのには、大きな長所が2つあります。1つめは、器具の抵抗を使って運動するため、それぞれのエクササイズが身体にどのような影響を与えるかをよりはっきりと意識できるようになることです。たとえば、プリエマシンを使えば、家で器具を使わずにプリエを行うときよりも、足もとに体重がかかっていないので、筋肉の深いところが働き、また大きくストレッチができるため、腿《もも》とお尻《しり》の筋肉がかなり強い運動をしていると感じるはずです。一度この感覚をおぼえたら、家でも同じ強さで行うことができます。

2つめの長所も大切なことで、つねにインストラクターが目を配り、個別に注意を与えてくれます。姿勢をなおしたり、呼吸や正しい動きをやって見せたり、あなたが強く、柔軟になるのにあわせて、新しいエクササイズを指導してくれたりします。つまり、スタジオでエクササイズを正しく学べば、家でひとりで行うときに自信を持てるようになるのです。

ピラーティスの器具を使ったエクササイズ

4章では、家でピラーティスエクササイズをする方法を取りあげています。一方、この章では、それらのエクササイズがピラーティススタジオではどのように行われているのか、とくにスタジオではどんなことができるのかについて書かれています。この章の写真はすべて、ロンドンにあるアラン・ハードマンのスタジオで撮ったものですが、スタジオにはこの倍近くの器具がそろっています。できれば、実際に足を運び、優秀なインストラクターのクラスに参加してみてください。家の近くに、器具がそろっているピラーティススタジオがなくても、器具なしでピラーティス法を教えるマット運動の教室もたくさんあります。

サイドストレッチ

腰から胸郭まで、身体の側面のすべての筋肉を伸ばすのに最適なストレッチ運動です。スタジオでは（写真左）、プリエマシンの上に箱を置き、そこに座って行います。42、43ページに、詳しいインストラクションを載せています。

家では、椅子《いす》を使って行います。家で行う方法は56ページに載っています。セッションの初めに行うウォームアップのひとつです。

セントラル・ガードル（胴体の筋群）

ピラーティスの“セントラル・ガードル（胴体の筋群）”は、腹筋を中心に、お尻《しり》と、広背筋という肩と腕の動きをつかさどる背中の筋肉とにまたがっています。ピラーティススタジオでは、ほとんどのエクササイズの最初に“息を吐いて、おへそを背骨に引きよせて”ということばがマントラのように繰り返されます。これは、エクササイズに必要な力が腹筋から発生するからです。腹筋の動きをコントロールできなければ、背中や首、肩など、ほかの部分の筋肉に負担がかかり、痛めることになりかねません。その時できる範囲で腹筋を正しく使えば、身体は鍛えられ、姿勢を意識して良くすることができるようになります。これから4ページにわたって紹介する腹筋運動を見れば、ピラーティススタジオで、どのように筋肉を強化し、伸ばしているかがわかります。

フォーポスターを使った腹筋運動

フォーポスターは4本柱のあるベッド型をした、使い道の多い器具です。固く、しっかりと身体を支えるベッド、スプリング、滑車、バーがついています。柱もエクササイズで使うことがあります。ここで紹介するのは、135ページの腹筋運動をスタジオで行うためのインストラクションです。スタジオでは、2本のスプリングの抵抗を使って行うため、自動的に動きが遅くなり、ハードに感じることでしょう。

◀ 1の動き

膝《ひざ》を曲げ、両足の間を腰の幅にして座ります。両手でそっとバーを持ちます。息を深く吸って、吐きながら、おへそを背骨に引きよせ、身体を丸めていきます。腕が伸びてくるはずです。腕が伸びきったところで、広背筋を使い、肩を下げます。

◀ 2の動き

腹筋をしっかり意識したまま、身体を下ろしていきましょう。脊椎《せきつい》をゆっくりベッドにつけていきます。脊椎《せきつい》の下の方から首にかけて、椎骨《ついこつ》の1つ1つが順番に下りていくのを感じます。腕、首、肩を緊張させてはいけません。腕ではなく、広背筋を使って、バーを引きます。そのためには、肘《ひじ》を軽く曲げるとよいでしょう。

▶3の動き

最後に首と頭をベッドにつけます。首が伸びきるまで、頭は上げたままにします。背中をぴったりとベッドにつけ、脊椎《せきつい》の下の方に隙間《すきま》がないようにします。膝《ひざ》を軽く曲げて調節します。ベッドに背中がついたら、深く息を吸ってから、ゆっくり身体を上げていきます。

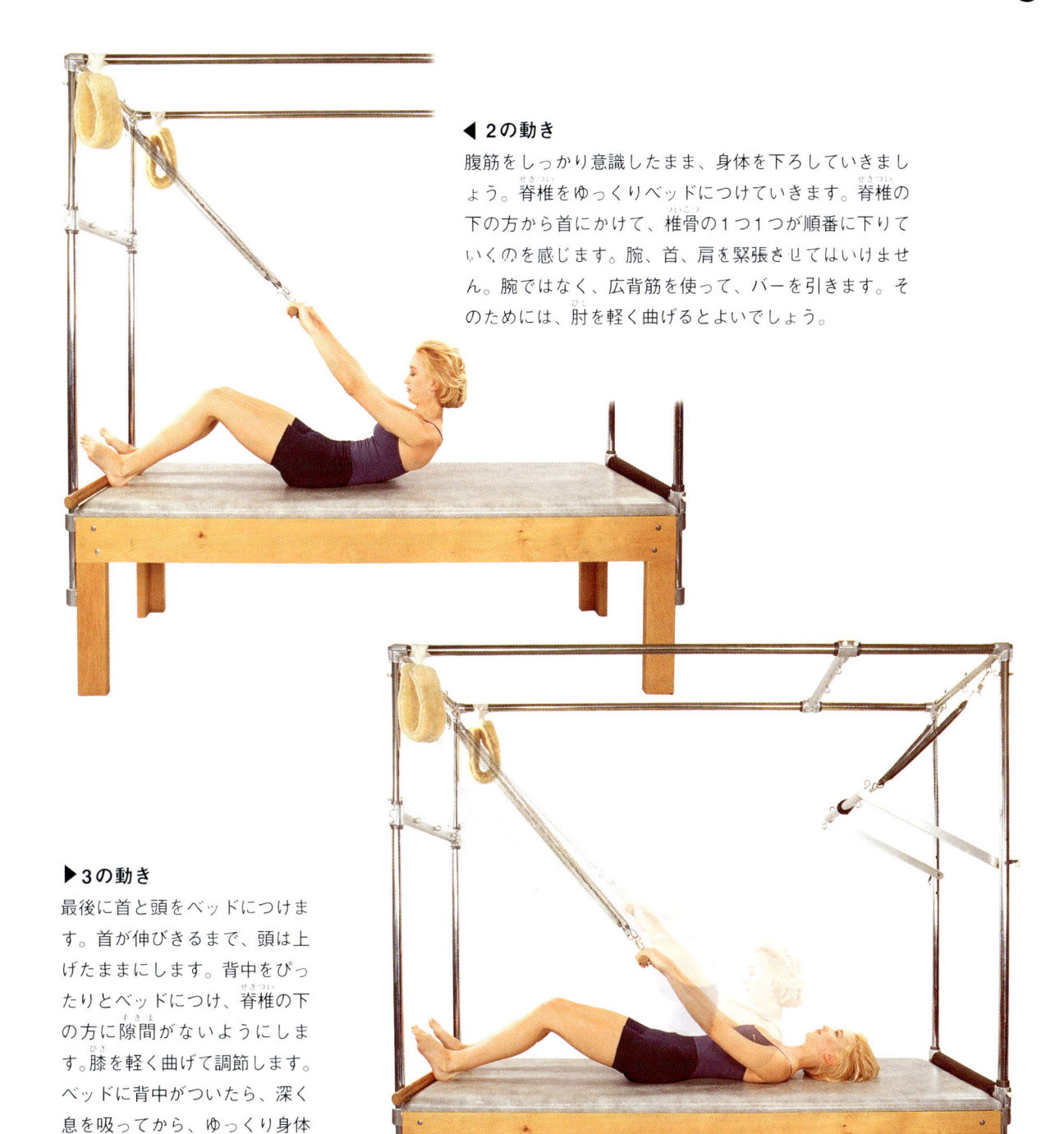

箱を使った腹筋運動

さらに進んだ腹筋運動です。プリエマシンで行います。箱を置いて椅子《いす》にし、足をストラップでとめます。このエクササイズでは、スプリングの抵抗を使わず、棒を持ち、腕をつねに伸ばし、左右同じ高さになるようにします。これはとてもハードなエクササイズですので、腹筋がかなり鍛えられ、意識して胴体の正しい姿勢がとれるようになってから行います。

▶1の動き

箱の上に座り、脚をまっすぐにし、ストラップが動かないように足首を曲げます。お尻《しり》と脚は動くようにし、ヒップから上に身体を引き上げるつもりで座ります。背中はまっすぐで、首と脊椎《せきつい》が直線でつなげるようにし、頭の上に棒がくるまで腕を上げます。肩や首を緊張させず、頭を左右にふることができるようにします。深く息を吸ってください。

▼2の動き

息を吐きながら、おへそを背骨に引きよせて、背中を下ろしていきます。腹筋がへこんで、頭と肩はやや内側に向くようにします。同時に、だんだん腕を下げていき、身体の前で伸ばします。

◀ 3の動き

背中の高さは2の動きのままで、息を吸いながら棒を頭の上まで持ち上げ、腕を天井に向けて伸ばします。このとき、腹筋は膨らまず、くぼんでいなければいけません。首と肩を緊張させたり、腰にストレスををかけないようにします。

▶ 4の動き

息を吐きながら棒を前に下げ、2の動きと同じ姿勢にもどります。

◀ 5の動き

息を吸いながら、背骨を下の方から1つ1つ積み上げるように背中を起こしていきます。棒を頭の上持ち上げ、1の動きにもどります。深呼吸をして、腹筋以外に凝りやだるさを感じたら、あなたの腹筋はこのハードなエクササイズに耐えられるほどには、まだ鍛えられていないということになります。

広背筋と胴

広背筋は、ピラーティスでいう“セントラル・ガードル（胴体の筋群）”の一番上にあたる部分ですが、一般の人たちにはあまり馴染《なじ》みがありません。広背筋は、肩甲骨の後ろにある大きな筋肉で、腕と肩のあらゆる動きをつかさどります。ところが、大抵の人は腕を動かすとき、広背筋ではなく、肩から動かします。これでは首と肩が凝り、ときには頭痛も引き起こします。ピラーティスでは、腹筋を鍛え、広背筋を正しく使うため、良い姿勢になることが保証されています。広背筋は、筋肉の中でも、つねに意識して使うべき重要な筋肉です。

ここで紹介するエクササイズは、広背筋とその上にある僧帽筋を締め、胴を伸ばすものです。座っているとき、猫背で、曲がった姿勢になる人がたくさんいますが、このストレッチ運動を行えば、必ず上半身がほぐれ、自由になる感じがするはずです。

広背筋の位置を知る

広背筋の位置を知り、正しく使う方法を覚えるのに最適なエクササイズです。62ページのエクササイズと関連があります。できれば、どちらも鏡の前で行いましょう。そうすれば、肩がどんな動きをするのかを見ることができます。正しく行っている場合、肩は動きません。この運動は背中で起こるものですから、バーを上げたり下げたりしても、肩は動かないはずです。

1の動き

正面を向いて座ります。膝《ひざ》をそろえ、肩は背中側に下ろし、脊椎《せきつい》をまっすぐにのばします。息を吸って、吐きながら、おへそを背骨に引きよせます。指先で軽くバーを持ち、広背筋を引き下げながら、バーを下ろします。

2の動き

バーを最初のポジションにもどします。広背筋だけが動くのを感じ、肩はまったく動かしません。

胴上部のストレッチ

122、123ページで紹介するエクササイズをスタジオで行うときのインストラクションです。肩を緊張させずに上半身を伸ばしましょう。2の動きでは、できるだけ長く腕をベッドにつけたままにし、肩の関節をほぐし、背中をリラックスさせます。この伸びきった感覚は気持ちよく、しばらくの間続きます。

1の動き

背中を長くし、両膝《ひさ》を立てて、ベッドに仰向《あおむ》けに寝ます。腕や手首に力をいれずにバーを握ります。息を吐きながら、おへそをベッドの方に深く沈めるのと同時に、バーを自分の方に引き下げます。

2の動き

上腕がベッドについたら、肘《ひし》を外側に向け、バーを身体から遠ざけていきます。上腕はできるだけ長くベッドにつけたままにします。それ以上つけておけなくなったところで、息を吐いて、腕を頭の上の方に伸ばします。このとき、脊椎《せきつい》はまだベッドにつけたままです。息を吸って、2の動きにもどります。息を吐いて、1の動きにもどります。

腕と上半身

ここで紹介するエクササイズは、ゆっくりと小さな動きで行う、とても単純なものばかりです。胴上部のエクササイズは、胸を広げてリラックスさせながら、広背筋と僧帽筋を使います。腕のエクササイズは74、75ページのエクササイズと似ていますが、バレルという器具で、身体を高くして行うため、腕をより大きく伸ばすことができます。

胴上部のエクササイズ

▲1の動き

小さい箱の上に、背中を立てて座ります。脚はのばして、くるぶしで交差させます。指先をそっとバーにかけます。頭が脊椎《せきつい》の直線上にあるようにし、身体のどの部分も緊張させてはいけません。

▲2の動き

息を吸って、吐きながら、バーをとてもゆっくり引き下げ、胸が広がり、首が伸びるのを感じます。頭を上げて、左肩の方を向きます。顔を正面にもどして、左右交互に行います。手首が曲がらないようにしてください。

上腕三頭筋のエクササイズ

上腕三頭筋は上腕の後ろ側の筋肉です。締まりのない上腕に最適なエクササイズです。

1の動き

両膝《ひさ》を曲げ、背中をバレルにつけて寝ます。腰とバレルの間があいていないことを確かめてください。両手で、ウェイトを胸に向けて持ちます。

2の動き

息を吸って、吐きながら、おへそを背骨に引きよせ、なめらかな動きで一気にウェイトをできるだけ遠く頭の上まで持ち上げます。息を吸って、1の動きにもどします。

アームウェイトを使って

ここで紹介したエクササイズは、4章のエクササイズと関連があります。後から紹介する腕のエクササイズはすべて、ウェイトを使わずに始めます。ある程度鍛えられたら、ウェイトを足せばよいのです。ウェイトは豆などの缶詰で代用できますが、どんなものにしろ、ウェイトの抵抗を使ったエクササイズは素晴らしい効果をもたらします。特に年齢が上がるほど効果があらわれ、更年期と閉経後におこりがちな骨粗鬆症《こつそしょうしょう》を防ぐことができます。ウェイトは1kgまでのものを使いましょう。

アームオープニング（腕を開く運動）

1kg以下のウェイトを2つ使います。このエクササイズは、腕の筋肉を鍛えるだけでなく、背中と胸が広がり、肩の関節をほぐします。

1の動き

膝《ひさ》を立て、バレルに脊椎《せきつい》全体をのせるように寝ます。両腕を大きくカーブさせ、胸の前で手をあわせます。ちょうどビーチボールを抱えているような感じです。

2の動き

息を吸って、吐きながら、おへそを背骨に引きよせ、腕をカーブさせたまま、外側に開いていきます。1の動きにもどします。

サイドストレッチ

これは上級エクササイズですので、かなり身体が強くなり、意識して正しい姿勢がとれるようになってから行いましょう。バレエダンサーのような感じで優雅に両脇《わき》を交互に伸ばします。プリエマシンに箱を置いて使い、足をストラップでとめ、ポジションを固定します。

▶1の動き

右足をストラップの下にかけ、左脚は曲げて箱の上に置き、座ります。背中をまっすぐにし、頭は脊椎《せきつい》の延長線上にあるようにします。右腕は美しくカーブをつくって上に上げ、左腕は身体の前でカーブをつくります。

◀2の動き

深く息を吸って、吐きながら、おへそを背骨に引きよせ、なめらかな動きで身体を左に倒していきます。このとき、両腕と両脚は、1の動きでつくった状態のままです。

▶3の動き

腕の形を反対にします。左腕を上げてカーブをつくり、右腕は前でカーブをつくります。

◀ **4の動き**

なめらかな動きで一気に身体を起こし、1の動きにもどります。腕は3の動きの形のままです。

▶ **5の動き**

もういちど息を吸い、吐きながら、反対に身体を倒していきます。左腕はカーブを崩さずに、右足の方に下げます。おへそは背骨に引きよせたままです。

◀ **6の動き**

まっすぐのポジションにもどり、身体の連なりがゆがんでいないことをチェックします。腕の形を反対にし、息をととのえ、最初から繰り返します。

プリエ

プリエはバレエの基本的なエクササイズです。ただ膝《ひざ》を曲げているだけのように見えますが、実際はもっと複雑です。プリエを正しく行えば、ほぼ全身を使うことになります。プリエは複雑な運動のため、家で行う場合は、レベル3（参照→P.130、131）にはいってからです。その頃には、身体に対する意識が高まり、何カ所も同時に集中できるようになっているはずです。スタジオではプリエマシンを使うため、いろいろな利点があります。まず、寝て行うことで、脊椎《せきつい》がまっすぐになり、姿勢が悪くなったり、身体を痛めたりするのを防ぎます。もうひとつは、スプリングの抵抗を使って行うことで、腹筋や、脚とお尻《しり》の筋肉を意識しやすくなります。最高4本までスプリングを増やすことができ、ハードにすればするほど、筋肉は早く鍛えられます。

プリエ第1ポジション

▼1の動き

プリエマシンに仰向《あおむ》けになり、背伸びをするときのように、足の先の部分をバーに置きます。足もとはVの字にして、かかとが離れないようにします。股《こ》関節から膝《ひざ》と足もとまで同じ向きになっていることがとても大切で、これを“ターンアウト”と呼びます。これは、ダンサーにとっては絶対のルールです。胴体と首はまっすぐに長くし、腕と肩は力を抜いておきます。

▲2の動き
息を吸って、吐くときにおへそを背骨に引き下げながら動きだし、脚全体を伸ばします。かかとを離したり、上下させたりしないで、足もとのバーを押さえたまま動いてください。内腿《もも》とハムストリングがしっかりターンアウトを維持しているのを感じましょう。膝《ひざ》の間の菱形の空間がだんだん細長くなり、膝《ひざ》の向きが変わらなければ、脚が伸び切ったとき内腿《もも》で脚全体を合わせることができます。息を吸いながら、最初の位置にゆっくりともどります。

プリエ第2ポジション

▶1の動き
今度は、足もとを置く位置がバーの両端に変わります。かかと全体でバーを押さえるようにし、股《こ》関節から脚全体を曲げます。腿《もも》の骨の角度を自分で決め、維持すると、内腿《もも》の筋肉をより意識できます。膝《ひざ》と足もとの向きが、必ず同じになるように保ってください。

◀2の動き
息を吸って、吐きながらおへそを背骨に引きよせます。脚全体が伸び切るまで呼吸は止めないでください。ターンアウトを維持する内腿《もも》の筋肉を感じましょう。息を吸いながら、元の状態にもどります。いずれの動きも、10回ずつ行ってください。

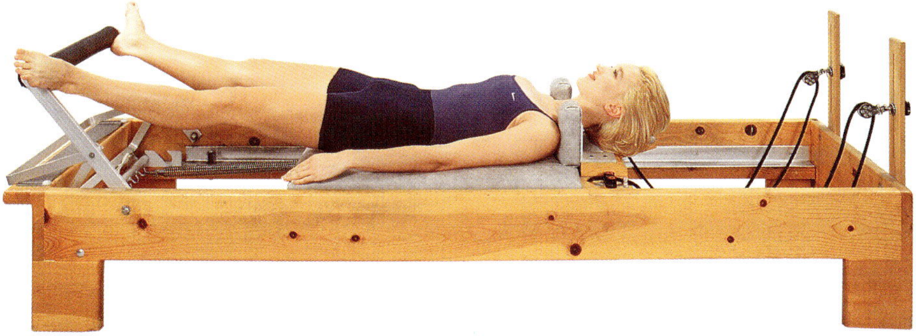

Chapter Four

ピラーティスを始めましょう

望みどおりの身体を手にいれたいなら、
ピラーティスほど
安全で完璧《かんぺき》なエクササイズ法はありません。
数週間で外見も気分も良くなり、
プログラム終了のころには、
バレエダンサーのように引き締まり、
強く柔軟な身体になることでしょう。

プログラムの原則は、急がないこと。
エクササイズを始める前に
必ずウォームアップを行いましょう。
ウォームアップのたびに、身体の記憶力を訓練し、
正しい筋肉を使うことを覚えさせます。
ひとつのレベルをマスターするまでは、
次のレベルに進もうとしてはいけません。
筋肉と関節を痛めてしまうおそれがあるからです。
どのレベルのプログラムも、
全身をまとまりとしてとらえて、
鍛えるようにつくられています。
落ち着いた環境で、1週間に3回行うのを
目標としましょう。身体が変わっていくのを感じ、
それを楽しんでください。

ウォームアップ

創始者のことば

「ピラーティスのエクササイズを正しく行い、無意識に反応できるようになれば、日常生活にバランスと優雅さが加わります」

ジョウゼフ・ピラーティス

ピラーティスのウォームアップは、ほかのエクササイズ法のウォームアップとは異なります。ピラーティスのエクササイズはとても正確で、身体の各部を正しく動かすことが何よりも大切だと考えます。ウォームアップの目的は、鍵《かぎ》となる身体の部分がどこにあるかを確認し、それぞれを個別に意識できるようにして、発達させることです。

3つのレベルで、同じウォームアップを行います。レベルごとにエクササイズの難しさや複雑さの程度は違いますが、使う筋肉は同じだからです。また、同じウォームアップを繰り返す理由はもうひとつあります。ダンサーならだれもが知っていることですが、頭だけでなく、身体にも記憶力があり、同じ動きを定期的に繰り返せば、それを身体が記憶し、エクササイズだけでなく、日常生活の動作にも反映されるからです。

必要なもの

必ず用意しましょう：

■動きやすい服装
■下に敷くやわらかいカーペットかタオル、またはヨーガ用マット
■長いスカーフ
■中ぐらいの大きさのタオル
■いろいろな大きさの固いクッション
■椅子《いす》（座ったときに膝《ひざ》が90度に曲がるもの）
■体重を支えられる家具（テーブルやドアフレームなど）

あれば用意しましょう：

■ハンドウェイトとして、1kgのダンベルか缶詰
■ひも付きの脚用ウェイト1kg
■軽い棒かほうきの柄

呼吸

何もしていないように見えるこのエクササイズが、ピラーティスの基本です。リズミカルに深く呼吸することが大切で、実際に、すべてのエクササイズの土台となります。正しく呼吸ができるようになってから、エクササイズを始めましょう。ゆったりとしたクラッシック音楽をかければ、リズミカルな呼吸を続けやすいかもしれません。あるいは、自分にあったペースを決めると良いでしょう。

▼1の動き

仰向《あおむ》けに寝て、椅子《いす》に足をのせ、膝《ひさ》を直角に曲げます。身体がまっすぐになっていること、首と肩が緊張していないことを確認してください。膝《ひざ》の間にクッションか丸めたタオルをはさみます。腹筋の上で両手をかさね、菱形《ひし》をつくります。頭の下には本を敷きます。

▶ 2の動き

ゆっくり深く呼吸をしましょう。お腹《なか》にのせた手が上下するため、息が腹筋まで届いているのを感じるはずです。一定のゆっくりしたリズムをつくっていきます。これがエクササイズ中に必要な呼吸の方法です。ゆっくり深く、10回呼吸を繰り返してください。

スクープ（へこみ）

前のエクササイズの続きです。呼吸を動きに変えていきましょう。

▼床に寝ます。脊椎《せきつい》はまっすぐ伸ばし、腰と床の間に隙間《すきま》がないようにし、首と肩をリラックスさせます。膝《ひさ》の間にクッションか丸めたタオルをはさみます。
息を吸って、吐きながら、おへそを背骨に引きよせ、お尻《しり》の底の筋肉を締め、スプーンの形に腹筋をくぼませます。1回ごとにくぼみが深くなるようにしながら、10回繰り返しましょう。

スクープ（へこみ）

へこみのエクササイズは、ペルヴィック・ティルト（骨盤の傾け）の基本を教えるものです。ペルヴィック・ティルトで使う筋肉をまとめて感じられるようになります。うまく反応する腹筋を増やし、骨盤付近まである腹筋をが意識できるようになれば、広い範囲にくぼみをつくれるようになります。

スカーフ

これもピラーティスに必要な正しい呼吸をできるようになるためのエクササイズです。スカーフをきつくなりすぎない程度にピンと張って行えば。呼吸に集中できるようになります。

▶ 1の動き

立っても座ってもかまいません。椅子《いす》に座る場合は、膝《ひさ》を直角に曲げ、足の裏を床につけます。つま先をまっすぐ前に向けます。ろっ骨がすっぽり入るようにスカーフを上半身に巻きつけます。正面で交差し、端をそれぞれの手で持ちます。

◀ 2の動き

深く息を吸って、肺を空気でいっぱいにし、背中の広背筋を引き下げるようにします。スカーフを巻いているので、肺がどれほど膨らんでいるかがよくわかります。正しく呼吸していれば、胸だけでなく、背中も広がるのを感じるはずです。

▶ 3の動き

息を吐き、身体から空気がぬけきるのを感じてください。スカーフは張ったままです。呼吸を10回繰り返します。1回ごとに、肺をだんだん大きく膨らますつもりで行いましょう。

アーチ

足の裏の筋肉はあまり頻繁に使われないため、固くなっていることが多いものです。このエクササイズは、氷のように固まった足をときほぐします。猫が前足を引くしぐさを想像しながら、その通りに行ってください。また、けがをした足を元どおりに正しく動かせるようになるためのエクササイズとしても適しています。裸足《はだし》で行います。

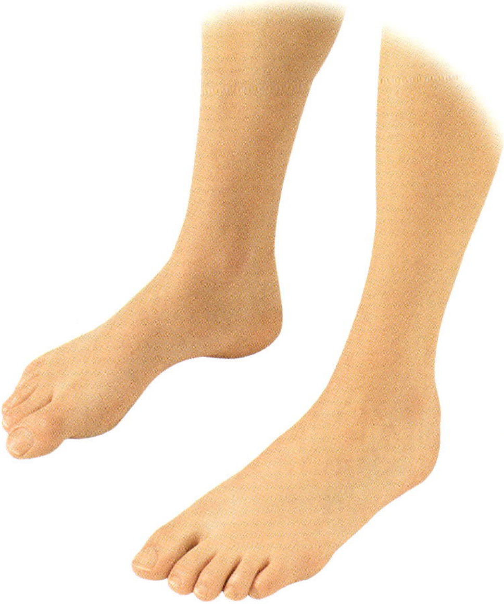

▲1の動き

椅子《いす》に座ります。膝《ひざ》は直角に曲げ、両足の間を腰の幅にし、足の裏は床につけます。

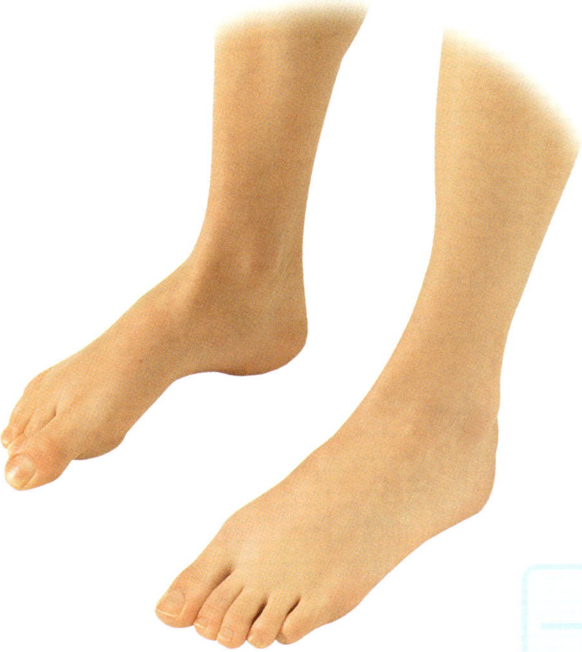

▲2の動き

つま先をそろえ、かかとの方向に引きずるように床を押さえます。指の節が曲がらないように行うと、土踏まずの筋肉が固くなり、アーチができます。2、3秒維持して力を抜き、左右10回ずつ繰り返します。かなりじれったい動作だと感じるかもしれませんが、正しくゆっくりと行ってください。

足のマッサージ

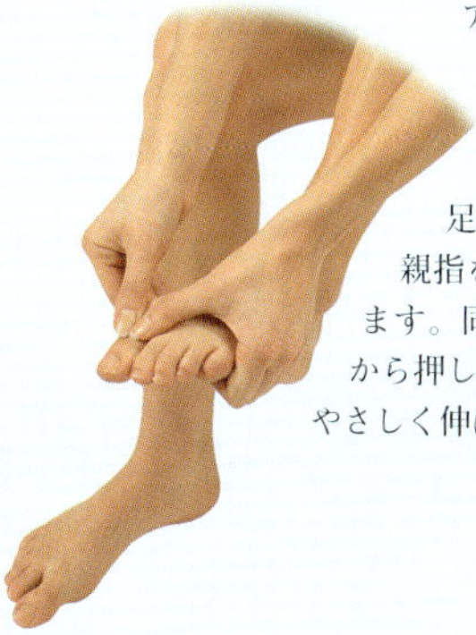

アーチのエクササイズの後は、足のマッサージをしましょう。とてもリラックスできます。とくに、こむら返りを起こしやすい人におすすめです。まず足全体をやさしくさすります。次に、手の親指を回転させながら、足の裏を強めに押します。同じぐらいの強さで足の指と指の間を上から押します。指を1本ずつ付け根から引っぱり、やさしく伸ばします。

首と背中をほぐす

ここで紹介する2つのエクササイズは、首と背中にたまった凝りをほぐします。首と背中に問題があるという人は多いのですが、中には気づかずに凝りをためている人もいます。この部分をほぐせば、姿勢はすぐに良くなります。

ニー・トゥ・チェスト（骨盤回りの緊張をほぐす動作）

このエクササイズは、腰椎《ようつい》周辺の緊張をほぐすのに役立ちます。

◀1の動き

膝《ひざ》を抱え、仰向《あおむ》けに寝ます。両膝《ひさ》の間は少しあけ、脚の付け根が楽な状態にしてください。息を吐きながら、おへそを背骨の方に引き下げます。膝《ひさ》を支える手の位置は、膝《ひざ》頭より下にしましょう。

▶ 2の動き

まず息を深く吸い、吐くときに、両膝《ひさ》を胸にゆったりと、やさしく引きよせていきます。曲げている肘《ひじ》が外に広がると、胸と腰椎《ようつい》も同時に広がります。背骨が床から離れてしまうと、充分に腰椎《ようつい》のストレッチができません。首や肩には力を入れないようにしましょう。

◀3の動き

息を吸って、吐くと同時に右脚を胸に引きよせます。もどして、次に息を吐くとき、左脚を胸に引きよせます。同じように、右脚、左脚、両膝《ひざ》をそろえて、10回繰り返します。

ヒップロール入門（腰の回転運動）

ヒップロールの第1段階ですので、後からこれを進めたエクササイズが出てきます。
入門では、下背部をほぐすことと、お腹《なか》が伸びるのを感じることに焦点をあてます。

ポイント

■膝《ひざ》を無理に倒して、背中とお尻《しり》を浮かせてはいけません。
■膝《ひざ》はつねにそろえておきます。
■ひねるのではなく、真横に倒していきます。

▶ 1の動き

両足をそろえて、両膝《ひざ》を立て、仰向《あおむ》けに寝ます。伸びるのを感じやすくするため、腹筋に両手をあてましょう。背中と首をリラックスさせ、伸ばしておきます。

◀ 2の動き

息を吸って、吐きながら、両膝《ひざ》を片側に倒していきます。お尻《しり》は床につけたまま、膝《ひざ》はそろえたままです。あまり深く倒せないかもしれませんが、それでも腹筋のあたりが強く伸びるのを感じるはずです。

▶ 3の動き

息を吸って、脚を中央にもどし、ポジションを確認します。息を吐きながら、反対側に倒していきます。左右交互に10回ずつ行います。

上半身をほぐす

肩、首、背中に凝りをためがちな人にぴったりのエクササイズを紹介します。上半身をほぐし、広背筋を正しく働かせるようになります。腕の運動をつかさどるのは背中ではなく、広背筋です。

ショルダーシュラッグ(肩をすくめる運動)

肩を背中側に下ろすことよりも、上げることに重点をおきます。

▶ 1の動き

鏡に向かって座ります。足は床につけ、まっすぐ前を見ます。クッションがあれば、端を膝《ひざ》にはさんで立て、骨盤が動かないようにします。腕をリラックスさせて、両脇《わき》に下ろします。

▼2の動き

息を吸って、両肩を耳に近づけるように上げます。

腕を後ろに引くとき、広背筋に下向きの力がかかり、締まる感じがするはずです。

▶ 3の動き

息を吐きながら、肩を下ろし、手を床の方にやさしくのばします。両腕を内側に回転させながら、後ろに伸ばします。無理に伸ばしすぎてはいけません。正しく行っていれば、胸が開き、肩甲骨の下の筋肉が鍛えられるはずです。10回繰り返しましょう。

ノーズ・フィギュア・オブ・エイト
(鼻で8の字をかく運動)

このエクササイズは、動きがとても小さいため、何もしていないように見えますが、実際はかなりの集中力を使います。動きを抑制しようと頭で考えているうち、無意識に首の後ろがリラックスしているはずです。

◀ 1の動き

脊椎《せきつい》をのばして床につけ、両膝《ひざ》を曲げて、仰向《あおむ》けに寝ます。腕を脇《わき》に下ろし、おへそをやさしく背骨に引きよせ、お尻《しり》の底の筋肉を締めます。エクササイズ中、このポジションを保ちます。

▶ 2の動き

意識を鼻の先に集め、鼻先で8の字をかきます。とても小さな動きです。顔を左右に動かしてはいけません。片側に10回、8の字をかき、反対側にも10回、8の字をかきます。目をとじれば、集中しやすくなります。

サイドストレッチ入門（脇《わき》を伸ばす運動）

2つあるサイドストレッチの入門編です。ウェストから肘《ひじ》までの部分に集中して行います。初級では、立って行い、腰まで伸ばします。

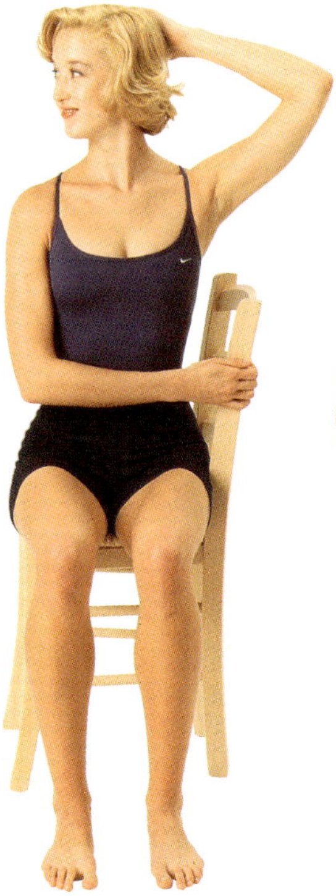

▲1の動き

ダイニングの椅子《いす》に座ります。身体の左側を椅子《いす》の背につけます。右手を身体の前にまわし、椅子《いす》の背を持ちます。左手は頭の後ろにあてます。身体がまっすぐ前を向いていることを確認します。膝《ひざ》の間は腰の幅にし、つま先を正面に向けます。

▼2の動き、3の動き

深く息を吸って、吐きながら、顔を右に向け、左脇《わき》をやさしく伸ばしていきます。まず肘《ひじ》を天井に向けるつもりで上げ、それから大きなカーブを描くように床に向かって下ろします。息を吸って、1の動きにもどし、左右10回ずつ繰り返します。

サイドストレッチ初級

サイドストレッチ初級は、立ったポジションで行い、伸ばす範囲を広げます。椅子《いす》と身体の間を離すほど、強く伸ばすことができます。

▶1の動き

固定した椅子《いす》やドアフレームなどを持ち、30cmほど離れて立ちます。両足の間をあけ、上半身を緊張させずに、肩を下ろしておきます。

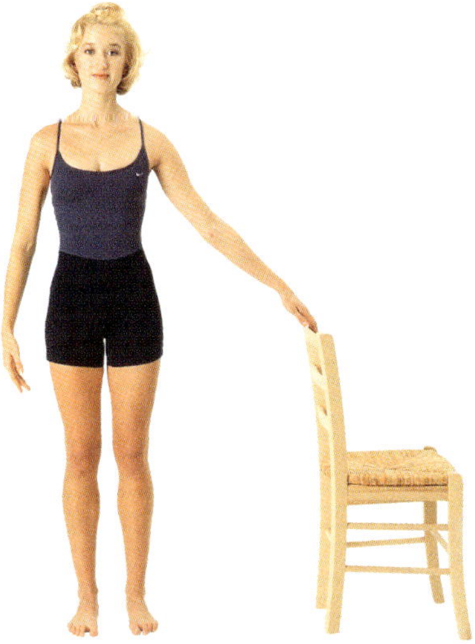

▲▶ 2の動き

息を吸って、吐きながら、椅子《いす》から身体を離していくように伸ばします。椅子《いす》を持っていないほうの腕を大きく円を描きながら上げていき、頭を超えたところまで伸ばします。身体の脇《わき》全体が伸びているのを感じましょう。1の動きにもどし、左右10回ずつ行います。

チェックリスト

■足の間を少しあけ、足の裏は床につけておきます。

■身体をねじってはいけません。腰はまっすぐ前を向いたままです。

■上半身を緊張させてはいけません。腕、肩、首をゆったりさせておきます。

ピラーティスエクササイズ：レベル1

創始者のことば

「まずは3か月、エクササイズを続けてください。理想の身体に近づいてきたと感じるはずです」

ジョウゼフ・ピラーティス

レベル1は、ピラーティスプログラムの中でもとりわけ大切です。身体の正しい使い方を学ぶのがレベル1です。また、レベル1で新しくマスターする運動がレベル2、3の複雑なエクササイズの基礎となります。

そういうわけで、急いで進もうとしないでください。身体の各部位を正確に動かすことを覚えれば、姿勢が良くなるのはもちろん、筋肉が鍛えられ、強くなります。

毎日のスケジュールの中で、静かに集中する時間として、ピラーティスエクササイズを取りいれてください。電話は線を抜くか、留守番電話をかけておきます。暖かく快適な場所で、静かなクラッシック音楽をかけましょう。ゆったりとした気持ちになれるはずです。ピラーティスエクササイズで忘れてはいけないことは、とてもゆったり、リズミカルに行うことです。

レベル1で目ざすこと

■身体の連なり、とくに姿勢に集中します。

■正しく立っていない、あるいは正しく座っていないと思うとき、また筋肉が凝っているときには、身体の各部があるべきところにあると感じるまで、20から28ページの姿勢を正すエクササイズをもう一度行いましょう。

■簡単だと思っても、急いで行ってはいけません。

■そのかわりに、1つ1つのエクササイズを正確に、抑制して行うことに集中します。

■身体の一部分だけでなく、全身をつねに意識しましょう。

■全身が正しいポジションになっているか、リラックスして伸びているかを確認しましょう。

■呼吸に気をつけましょう。深く、ゆったり、リズミカルに呼吸をし、息を吐きながら、身体を動かします。

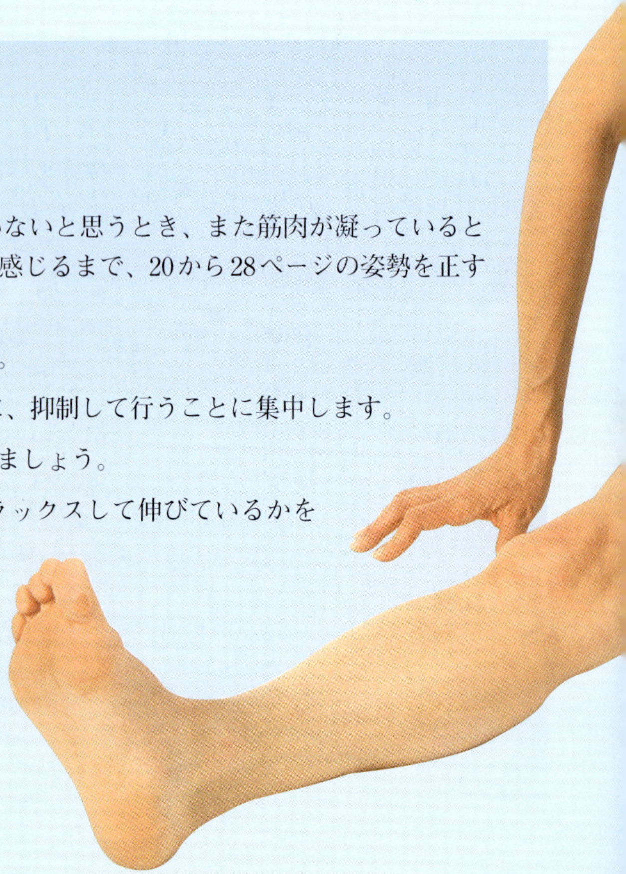

adidas

上半身をほぐす

ここで紹介するエクササイズは姿勢を正す効果があります。上半身は、ピラーティス法で鍛える3つの基本部位の1つです（ほかの2つは腹筋とお尻《しり》です）。背中の広背筋と僧帽筋を中心に考えます。腕のすべての動きをつかさどるのは、肩ではなく、広背筋と僧帽筋です。これらが強くなれば、肩がリラックスして下がり、胸と胸郭が開き、首と頭が正しく支えられ、凝りがなくなり、自然と姿勢が良くなります。

オープニング入門（外に広がる動作）

上腕を脇《わき》につけたままで行います。上半身が開き、リラックスする気持ちよさを感じましょう。

▶ 1の動き

膝《ひざ》が90度に曲がる高さの椅子《いす》などに座ります。足の裏は床につけ、両足の間を腰の幅にし、つま先はまっすぐ前に向けます。首と肩に力をいれてはいけません。上腕はしっかりと脇《わき》につけ、肘《ひじ》のところで90度に曲げ、手のひらを上に向けます。

▼2の動き

息を吸いながら、上腕の内側を脇《わき》につけたまま、肩関節からゆっくり腕を外に回転させていきます。

精一杯広がったら、息を吐きながらもとの位置にもどします。10回繰り返します。

オープニング初級

腕を動かすことで、吸った息が全身にいきわたるのを感じながら行います。

イメージをふくらませて

このエクササイズの効果を最大にするためには、脊椎《せきつい》を長くまっすぐにして座ります。頭をバランスよく上げ、首から脊椎《せきつい》がナチュラルな線でつながっているのを感じます。頭にひもがついていて、やさしく上に引っぱられていると想像するとよいでしょう。

▶ 1の動き

入門と同じポジションで座ります。初級では手のひらを下に向けます。

▶ 2の動き

息を吸って、入門と同じく腕を横に回していきます。

初級では腕を回せるところまで回し、身体から離します。身体と腕の間がほんの少しだけあくように、手をやや外向きに伸ばします。

息を吐き、1の動きにもどします。10回繰り返します。

背中を強化する

スタジオではスプリングの抵抗を使ってこれらのエクササイズを行うため、肩のまわりの筋肉を個別に意識し、効果的に使えるようになります。もちろん、家でも、器具を使わずに同じエクササイズを行えます。必ず背中で動きがあることを感じてください。背中の筋肉を下げてから、腕を動かします。上背部の入門エクササイズを紹介しましょう。

アッパーバック・リリース入門 (上背部をほぐす運動)

小さい動きのエクササイズです。最大の効果をあげるためには、ゆっくり正確に行います。

▶ 1の動き

椅子《いす》を壁に近づけて座ります。足の裏はしっかりと床につけ、膝《ひざ》を直角に曲げます。肘《ひじ》も直角に曲げ、手の甲から肘《ひじ》まで壁につけます。

◀ 2の動き

息を吸って、吐きながら、おへそを背骨に引きよせ、肩甲骨を下げます。肩甲骨を動かすことで腕を動かします。腕を壁につけたまま下げていきましょう。数センチ下げるだけですが、背中の奥の筋肉が働いていることを感じてください。息を吸って、1の動きにもどし、左右10回ずつ行います。

コサック

これは、26ページのセルフチェックを補うエクササイズです。今度は座って行います。おへそを背骨にやさしく引きよせ、背中をまっすぐにし、肩と首をリラックスさせた状態を保ちます。まず、肩甲骨の下の筋肉、広背筋を下ろすことから始めましょう。肩が下がるのがわかるはずです。

チェックリスト

■前向きのポジションにもどったとき、肩が下がり、左右同じ高さになっていることを確認しましょう。

■足の裏は床につけたままです。

■両手の力をぬいておきます。

■身体を動かすとき、腰を回転させてはいけません。

■首に力をいれないようにしましょう。

▲1の動き

椅子《いす》に座り、足の裏を床につけ、つま先を前に向けます。腕をゆったりと組み、胸骨と平行になるようにします。手を握ったり、手に力を入れたりしてはいけません。腰を正面に向け、エクササイズ中は動かさないようにします。おへそを背骨に引きよせたままでエクササイズを行います。胴の脇《わき》の筋肉は、ウェストの方に引き下ろしておきましょう。

◀2の動き

腰を正面に向けたまま、動作はウェストから始めます。深く息を吸って、吐きながら、肩の高さを変えずに、写真のようにゆっくりと身体を回転させていきます。上半身まで向きが変わったら、最後は顔へと動作を続けます。

息を吸いながら正面にもどり、反対側も続けましょう。なめらかに、10回ずつ繰り返します。

腹筋だけを意識する

最初のエクササイズは、姿勢をチェックするエクササイズとしてすでに紹介しました。ここでは、本来の目的どおり、この後のレベルのペルヴィック・ティルト（骨盤の傾け）で必要になる動きを知るために行います。

チェックリスト

■正しく呼吸していることを確かめましょう。このエクササイズでは、呼吸がとても大切です。

■腹筋が脊椎《せきつい》をしならせていることを意識しましょう。背中を蛇のように柔らかくするのが理想です。

■肩、胸、首に力をいれてはいけません。力がはいっていると感じたら、床から高く上げすぎているはずです。

■身体を上げていく前にしばらくおへそを床の方に下げ、お尻《しり》の底の筋肉を締めたままにします。

■ペルヴィック・ティルトは、ゆっくり行うほど効果があがります。

ペルヴィック・ティルト入門（骨盤の傾け）

引き締め

腹筋だけを個別に意識できるようになるために行います。

▶ 1の動き

仰向《あおむ》けに寝て、箱や椅子《いす》に足をのせ、膝《ひざ》が直角に曲がるようにします。腿《もも》の間にクッションをはさみます。クッションは締めつけるのではなく、エクササイズの間、骨盤がつねに中心からずれないようにするために使います。

▼2の動き

息を深く吸い、吐きながら、おへそを背骨に引き下げ、同時に下腹部が長く平らになるのを感じてください。その時、お尻《しり》の下側を「ピッ！」と閉じますが、ハムストリングはゆるめておきます。ゆっくりと骨盤を傾け、お尻《しり》の重さがウェストの下に移るのを確認してください。息を吸いながら元にもどし、10回繰り返しましょう。

ペルヴィック・ティルト初級（下半身上げ）

使う筋肉がどこにあるのかがわかったら、次のエクササイズに移りましょう。必ず入門から行い、筋肉の位置を確認します。初級では、あまり高く上げようとする必要はありません。高く上げることよりも、抑制した状態を保つことが大切です。

▶1の動き

入門と同じポジションで寝ます。深く息を吸って、吐きながら、おへそを背骨に引きよせ、お尻《しり》の底の筋肉を締めます。

▼2の動き

お尻《しり》を締めたまま、下半身を上げていきます。内腿《もも》を締め、椎骨《ついこつ》の1つ1つを上げていくつもりで、床からカーブを描くように上げます。上がりきったところで、息を吸い、ゆっくり下げていきます。10回繰り返します。

腹筋を強化する

背中に無理な力をかけずに、シットアップを行うためには、腹筋がかなり強くなくてはいけません。残念なことに、ジムやいろいろなエクササイズのクラスの中には、背中を痛めないための適切な指示もなく、身体を起こすことに重点をおいて、シットアップを何度も繰り返させるところがたくさんあります。ところが、正しいシットアップは、床からほんの少し上体を上げるだけでよいのです。腹筋が縮んで集まるのではなく、引き伸びるはずです。

チェックリスト

■起きようと思って、肩に力が入らないようにしましょう。徐々に広背筋を使って、起きれるようになるはずです。大切なのは、腹筋だけを使って運動し、背中に余計な力をかけないことです。

■背中に力がはいっていると感じたら、中止してください。

■顎《あご》を胸につけてはいけません。全身でカーブをつくるようにします。

シットアップ入門（上体起こし）

▶ 1の動き

仰向けに寝て、膝《ひさ》を立て、頭と肩を支えるため、パッドか本を敷きます。両膝《ひさ》でクッションをはさみますが、クッションは締めつけるためではなく、骨盤を安定させ、腰をまっすぐにしておくために使います。上半身を開いて、リラックスさせます。始める前に、どこにも力がはいっていないことを確認してください。手を腿《もも》の上におきます。

◀ 2の動き

息を吸って、吐きながら、おへそを背骨に引きよせ、同時にお尻《しり》の底の筋肉を締めます。次に、指を歩かせるようにゆっくり腿《もも》から膝《ひさ》へのぼらせ、それにあわせて頭と肩を床から上げていきます。おへそはつねに背骨に引きよせたままです。おへそのあたりは引き伸びるべきで、膨らむ場合は上体を起こしすぎているはずです。

▶ 3の動き

上がりきったところで、息を吸い、吐きながら、腹筋を引き伸ばします。指を脚の上で滑らせるようにしながら、ゆっくり上体を下ろしていきます。

◀ 4の動き

最初のポジションにもどったら、深く息を吸い、休みます。最高10回まで、繰り返します。

斜めシットアップ入門（斜め方向の上体起こし）

斜めシットアップは、正面にある腹直筋と同じく大切な脇《わき》の腹斜筋に効果をもたらします。入門では、たくさん上げる必要はありません。脇《わき》の腹斜筋がどこにあるかを確認することに集中しましょう。

▶ 1の動き

前ページのエクササイズと同じく、仰向けになって、膝《ひざ》を立て、クッションをはさみます。足の裏を床につけ、左手を頭の後ろにあてます。右腕は身体にそわせて床に下ろしておきます。手のひらは下を向けます。

◀ 2の動き

息を吸って、吐きながら、おへそを背骨に引きよせ、お尻《しり》の底の筋肉を締めます。次に、左手で頭を支えながら、左肘《ひじ》と左肩を右膝《ひざ》につけにいくようなつもりで、斜めに身体を上げます。同時に、右手を足の方へ伸ばします。

▶ 3の動き

息を吸って、吐きながら、1の動きにもどします。左右、最高10回ずつ繰り返します。

セントラル・ガードル（胴体の筋群）を強化する

腹筋を強化し、骨盤と脊椎《せきつい》の連なりを正すエクササイズの第1段階です。この部分はセントラル・ガードル（胴体の筋群）と呼ばれ、良い姿勢をつくり、全身を鍛えるのになくてはならない部分です。また、セントラル・ガードルは背中を守る役目もしています。腹筋が弱く、骨盤と脊椎《せきつい》の連なりが悪いと、必ず背中に負担がかかり、痛めることになります。

正しく呼吸をすれば、背中の筋肉は鍛えられ、保護されます。ナチュラルな状態で、息を吸ったときにお腹《なか》がくぼむ人は、反対にするように心がけましょう。「気をつけ」の命令で立つときに、息を吸ってお腹《なか》をくぼませてしまう人が多いようです。息を吐きながら、腹筋を背骨の方に引き、エクササイズの動きをあわせます。

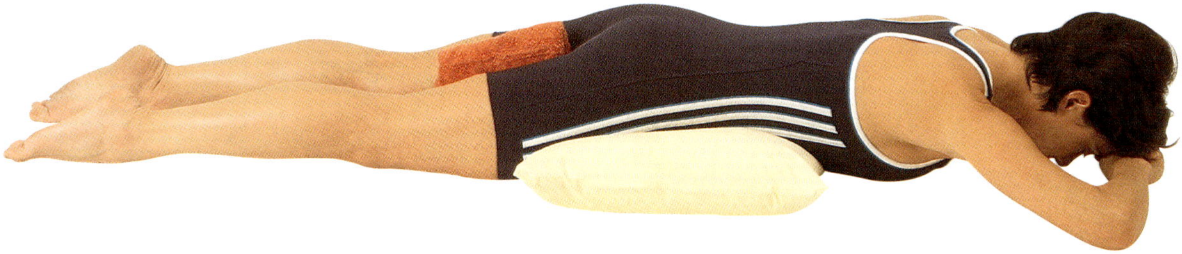

バトックスクイーズ（お尻《しり》を引き締める運動）

“セントラル・ガードル”の下部がどこにあるかを確認し、その部分を使えるようになるためのエクササイズです。腹筋とお尻《しり》の底の筋肉がはっきりとわかってくるはずです。

チェックリスト

■クッションを締めつけるとき、腰が入りこまないようにしましょう。おへそはつねに背骨に引きよせておきます。

■上半身の力をぬきます。首や肩に力をいれてはいけません。

■ふくらはぎと足をリラックスさせます。お尻《しり》の底の筋肉だけを働かせましょう。

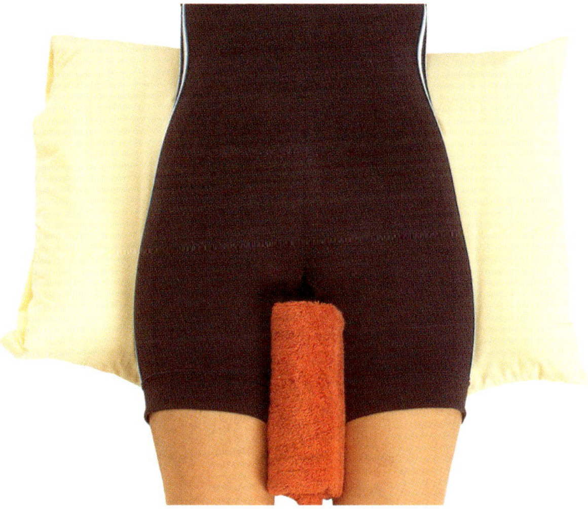

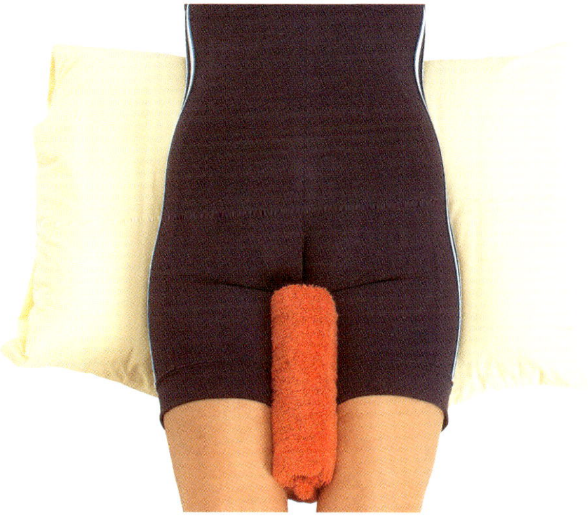

▲1の動き

うつぶせになります。腹筋を支えるように枕《まくら》を置き、腿《もも》の間に小さなクッションをはさみます。床の上でかまいませんが、できれば固いベッドを使い、端から足をたらすようにします。両手の上に頭をのせます。顔を横に向けてもかまいません。息を吸います。

▲2の動き

息を吐きながら、おへそを背骨に引きよせ、同時に、お尻《しり》の底の筋肉を使って腿《もも》の間のクッションを締めつけます。ハムストリングやお尻《しり》のほかの部分の筋肉を締めてはいけません。筋肉をそれぞれ個別に意識できるようにしましょう。ゆるめて、10回繰り返します。

▼レストポジション（休憩のポーズ）

このレストポジションは、バトックスクイーズを行った後、力のぬけきれない部分をほぐすのに最適です。
バトックスクイーズの2の動きから、身体を引き上げ、お尻《しり》をかかとにのせて座ります。最初はかかとまでつけられないかもしれませんが、できるだけ近づけるようにしましょう。両腕をベッドにつけたまま前に伸ばし、手から背中にかけて長く伸びるのを感じます。2分ぐらいこのポジションのままにし、背中にアイロンをかけて伸ばされているような感じを味わってください。

さらに伸ばしましょう

身体がほぐれてくると、かかとの上に座ることができるようになります。さらに伸ばすため、パートナーに背中をやさしく押し広げてもらいましょう。パートナーの手は、上背部と腰においてもらいます。身体がさらに伸び、とても気持ちよくなります。

脚を鍛える

お尻《しり》の真下から足まで、脚全体の筋肉の状態をよくするエクササイズの第1段階です。脚を正しく動かすためには、全身の連なりがとても重要です。そのため、背中を壁につけ、横向きで行うエクササイズが多く、肩とヒップを動かさず、連なりを崩さないようにしています。また、脚を正しいポジションにしてからエクササイズを始めることが大切です。鏡を用意できれば、身体がまっすぐになっているか、ねじれていないかを確認しましょう。

背中をつける

このエクササイズの重要なポイントは、背中をぴったりと壁につけ、腰をまっすぐ前向きにしておくことです。そうすれば、脚が正面を向きます。

アウター・サイ入門（外腿《もも》の運動）

太腿《もも》の筋肉は太くて当然と思っていませんか？ここで紹介するエクササイズでは、そのような外腿《もも》の筋肉を引き伸ばします。

▶1の動き

背中を壁につけ、横向きに寝ます。下の腕を上に伸ばし、その腕と顔の間に枕《まくら》か折りたたんだタオルをはさみます。さらに、ウェストを支えておくため、下に小さいクッションか折ったタオルをいれます。下の脚を曲げ、上の脚は大きな固いクッションに置きます。上の足首を曲げ、左手で腰骨を支え、骨盤を固定します。

▼2の動き

深く息を吸って、吐きながら、おへそを背骨に引きよせ、広背筋を下背部に下ろします。ウェストを伸ばし、上の脚を引き伸ばしながら低く上げます。このとき、腰、膝《ひざ》、つま先は正面を向いたままです。このエクササイズの目的はストレッチ運動ですが、とてもハードなストレッチであるため、脚を上げる運動を加えています。脚をもどし、左右10回ずつ行います。

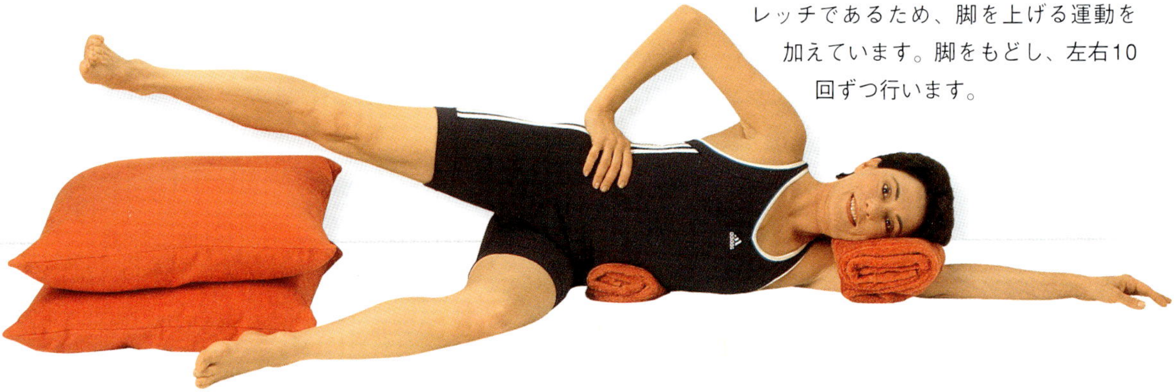

インナー・サイ入門（内腿《もも》の運動）

内腿《もも》の筋肉は、完全に忘れられていることが多いものです。ここでは内腿《もも》の筋肉を意識して鍛えます。

▲1の動き

背中をまっすぐにして壁につけ、脚をVの字に開き、つま先を立てて座ります。ただし、このポジションをとるために無理をしてはいけません。肩や首に力がはいっていないことを確かめ、腰を壁につけるようにします。エクササイズ中、脚はずっとまっすぐにしておきますが、緊張させず、膝《ひざ》を固定しておきます。

▲2の動き

息を吸って、吐きながら、右脚をゆっくり左に動かします。つま先は上を向けたまま、背中は壁につけたままです。右脚の内腿《もも》の筋肉が働いているのを感じるはずです。

右脚を最初のポジションにもどし、同じように左脚を右に動かします。左右交互に10回ずつ繰り返します。

ウェイトを使って

腿《もも》上部の働きをあまり感じられない場合、脚の内側に手をあて、軽く押し、少しハードにしてみましょう。

腿《もも》の筋肉が強くなれば、ウェイトを使ってさらにハードにします。アンクルウェイトを脚の横に置き、それを押しながら脚を動かします。ここでは、脚に直接ウェイトをつけるよりも、床に置くほうが効果的です。

リミーディアル・レッグ（脚の矯正運動）

もともとこれらのエクササイズは、股《こ》関節や膝《ひさ》関節に問題を抱える人や、脚のけがを治療する人のために考案されたものです。治療を必要としていない人にとっても、脚の筋肉を安全に鍛えるのに役立ちます。

入門

良い結果を出すためには、できるだけゆっくり、心をこめて行ってください。クッションにのせたまま脚を完全に伸ばせば、膝《ひさ》のすぐ上の筋肉が締まるのを感じるはずです。

▼1の動き

床に仰向《あおむ》けに寝ます。頭と肩は固いクッションにのせ、脊椎《せきつい》の大部分が床についているようにします。クッションで大きな三角形をつくり、そこに右脚をかけ、左足の裏は床につけます。

◀2の動き

息を吸って、吐きながら、右の足首を起こし、膝《ひさ》を支点にして足を持ち上げていきます。足の親指にひもがついていて、上に引っぱられるようなつもりで行います。脚はクッションから上げませんが、完全に伸びているのを感じてください。

▶ 3の動き

1の動きのポジションにもどし、左右、ゆっくり10回ずつ繰り返します。

リミーディアル・レッグ（脚の矯正運動）初級

もう一度、ゆっくり行いましょう。できるだけ足の動きに重点をおきます。

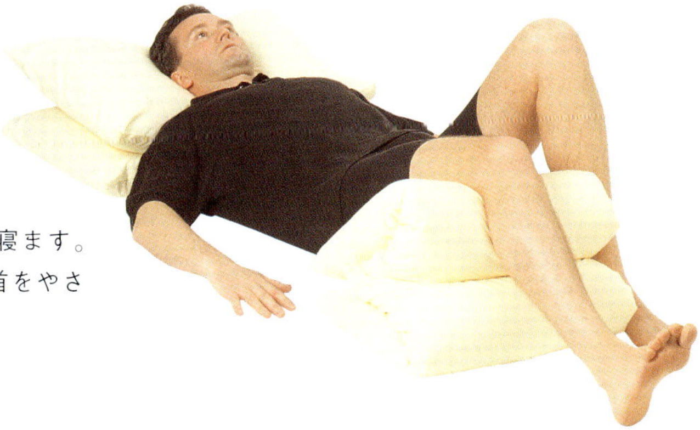

▶ **1の動き**

入門と同じポジションで寝ます。同じく右脚を伸ばし、足首をやさしく曲げます。

◀ **2の動き**

脚が完全に伸びきったところで、ゆっくり、しっかりとつま先を伸ばします。膝《ひさ》や足首を曲げてはいけません。脚からつま先まで、まっすぐな線でつながるようにします。
2、3秒、このポジションを維持します。

▶ **3の動き**

また足首を曲げ、膝《ひさ》の裏が伸びるのを感じます。足を下ろして床につけ、片脚ずつ、連続して10回繰り返します。

腕を鍛える

これから紹介するのはすべて腕の筋肉を強化し、鍛えるエクササイズです。腕が強くなれば、ウェイトを加えてもかまいませんが、まずはどの筋肉を使うのかを確認することに集中しましょう。

チェックリスト

■ビーチボールを抱えているつもりで、腕を大きくカーブさせたまま行います。

■両手が胸骨と平行になる高さから始めます。肩や顎《あご》の高さまで上がっていると、緊張の原因になります。

アーム入門（腕の運動）

▶ 1の動き

仰向《あおむ》けに寝て、膝《ひざ》を立て、両足の間は腰の幅にし、足の裏は床につけます。脊椎《せきつい》と床の間に隙間《すきま》がないか、首と肩がリラックスしているかを確認します。腕で丸い形をつくります。手は胸骨と平行にします。

◀ 2の動き

おへそを背骨に引きよせ、息を吸いながら､腕を左右に開いていきます。肘《ひじ》が曲がったり、つっぱったりしないように気を付け、カーブを保つようにします。息を吐いて、1の動きにもどします。10回繰り返しましょう。

アーム初級

このエクササイズは、上腕の後ろ側の筋肉、上腕三頭筋に効果があります。

チェックリスト

■手首はまっすぐにしておき、腕をねじってはいけません。

■首と肩に、力をいれないようにします。

▶ 1の動き

膝《ひざ》を立てて、仰向《あおむ》けに寝、両腕を天井に向かってまっすぐに伸ばします。左手を右の肘《ひじ》にあて、支えます。

▼2の動き

右手をゆっくり右肩の方に下げます。握りこぶしをつくり、またゆっくり、もとにもどします。10回繰り返してから、反対の腕を行います。

筋肉をほぐす

各レベルにクッションスクイーズというエクササイズがあります。締めつけるのにやや力がいるぐらいの固いクッションを用意しましょう。

チェックリスト

■上半身を動かしてはいけません。運動でかかる力を上半身にかけないようにします。

■できるだけゆっくりと行います。10まで数えながら、クッションをだんだん強く締めつけていきましょう。

クッションスクイーズ（内腿《もも》を引き締める運動）

▼1の動き

膝《ひざ》を立てて、足の裏は床につけ、仰向《あおむ》けに寝ます。腕はリラックスさせて、身体の横に下ろしておきます。肩や首に力がはいっていないこと、腰と床の間に隙間《すきま》がないことを確認します。クッションを腿《もも》の間にはさみます。

▼2の動き

息を吸って、吐きながら、おへそを背骨に引きよせ、お尻《しり》の底の筋肉を締め、長くゆっくりした動きでクッションを締めつけ、10数えます。腿《もも》をゆるめて、最高10回まで繰り返しましょう。

キャット

しなやかな気持ちのいいエクササイズです。ひとつひとつの動きを継ぎ目なく流れるように行うことを目ざします。背中に痛みがある場合は、1の動きと2の動きだけを行いましょう。

▶ 1の動き

四つんばいになります。できれば、横から鏡に映して、背中がテーブルの板のように平らになっていることを確認しましょう。両膝《ひさ》の間は腰の幅にし、両肩、骨盤、両膝《ひさ》の連なりを調節します。

◀ 2の動き

息を吸って、吐きながら、おへそを背骨に引きよせます。頭を落として、背中全体を丸くします。息を吸って、1の動きのポジションにもどします。

▶ 3の動き

今度は、今までと逆の動きです。息を吐きながら、首の後ろからお尻《しり》の先まで、背中を長く、反ったラインにカーブさせます。首やウェストの後ろがギュッと縮まないように気を付けましょう。肩を下げるのを忘れないでください。息を吸いながら、1の動きから2の動きへと、最高10回ぐらい行います。

ピラーティスエクササイズ：レベル2

創始者のことば

「筋肉と靱《じん》帯を柔軟にし、伸ばしましょう。そうすれば、ビールトラックをひく馬のように筋肉質な身体ではなく、猫のようにしなやかな身体になるはずです」

ジョウゼフ・ピラーティス

レベル1のエクササイズをすべて緊張せずに、正しく、気持ちよく行える自信がついたら、レベル2に移りましょう。

レベル2のエクササイズはさらに複雑になります。複数の部分を同時に動かすため、レベル1で覚えたとおり、筋肉を正しく使うことに集中しなければいけません。成功のポイントはゆっくりと行うことです。

また、レベル2からウェイトを使い始めます。アンクルウェイトと、ハンドウェイト（ダンベル）の2種類を用意してください。アンクルウェイトはスポーツ用品店で手に入ります。エクササイズの指示に従って、足首にまいて使います。ダンベルを用意する場合は1kgのものにしましょう。手軽に缶詰を利用することもできます。とくに指示がなければ、片手に1つずつ持ちます。

レベル3に移る前に、レベル2でもたっぷり時間をかけることが大切です。身体の奥で筋肉が働いているのを感じながら、ひとつひとつのエクササイズをゆっくり完全に行います。

レベル2のプログラムでは、レベル1のエクササイズを繰り返すことがあります。まず、

これまでにできるようになったこと

■ゆっくり、リズムにのったピラーティスのペースで運動を始め、深くむらのない呼吸ができるようになりました。

■プログラムの中で使う筋肉をひとつひとつ個別に意識し、それを抑制して正確に使うことを覚えました。

■姿勢が良くなり、たまった凝りがほぐれてきました。

レベル2で目ざすこと

■レベル1のエクササイズを基本にして、さらに筋肉を鍛えます。

■ウェイトを使いながら、鍵《かぎ》となる部位を強化する運動を行います。

■すべての関節を柔軟にします。とくに背中をよりしなやかにします。

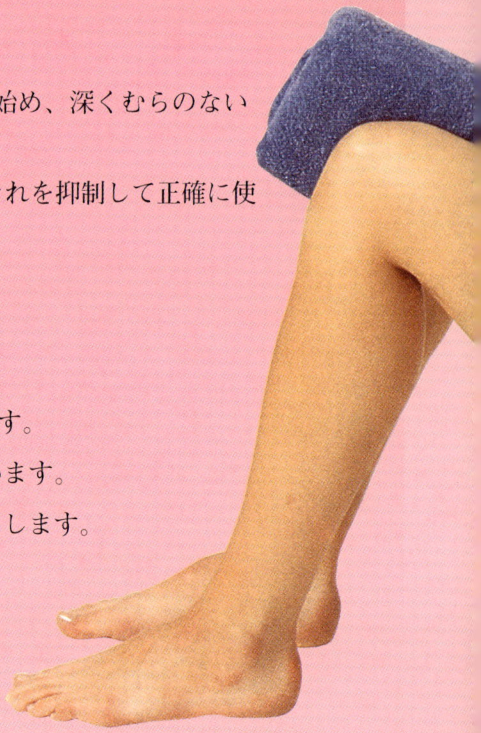

ウォームアップ（参照→P.46～57）を行い、
上半身の運動から始めましょう。

上半身をほぐす

これから紹介するエクササイズは、おへそを背骨に引きよせて、背中をまっすぐにし、首と肩をリラックスさせた状態で行います。必ず広背筋を下げてから始めましょう。

チェックリスト

■後ろにそるとき、肩と首をリラックスさせておきます。

■首と肩が緊張する場合は、ウェイトを使わずに行ってみましょう。

■深く、リズミカルな呼吸をし、緊張するのを防ぎます。

ウェイトを使ったショルダーシュラッグ（肩をすくめる運動）

ウォームアップのエクササイズと同じですが、レベル2では、ウェイトを使って、腕をさらに伸ばし、広背筋への効果を高めます。このエクササイズを行う場合は、ウォームアップのエクササイズを抜かしてもかまいません。

▲1の動き

椅子《いす》などに座り、できれば鏡に向かいます。足の裏は床につけ、つま先を前に向けます。背もたれ用のクッションがあれば、後ろに立てます。腕はリラックスさせて横に下ろし、1kgのウェイトか缶詰を両手に持ちます。

▲2の動き

息を吸って、両肩を耳につけるつもりで上げます。腕は長く伸ばし、肘《ひじ》を曲げないようにしましょう。

▼3の動き

息を吐きながら、肩をリラックスさせ、広背筋を働かせて、肩を背中側にぐっと引き下げます。そのまま腕を引き下げ、後ろに伸ばします。上半身が開くのを感じてください。胸骨が上がるのがわかるはずです。10回繰り返します。

時計の文字盤のポーズ

これは腰全体のためのエクササイズで、腰と仙骨のあたりをマッサージするような働きがあります。“時計の文字盤”は、膝《ひさ》が描く円のことではなく、腰が描く円のことを指します。

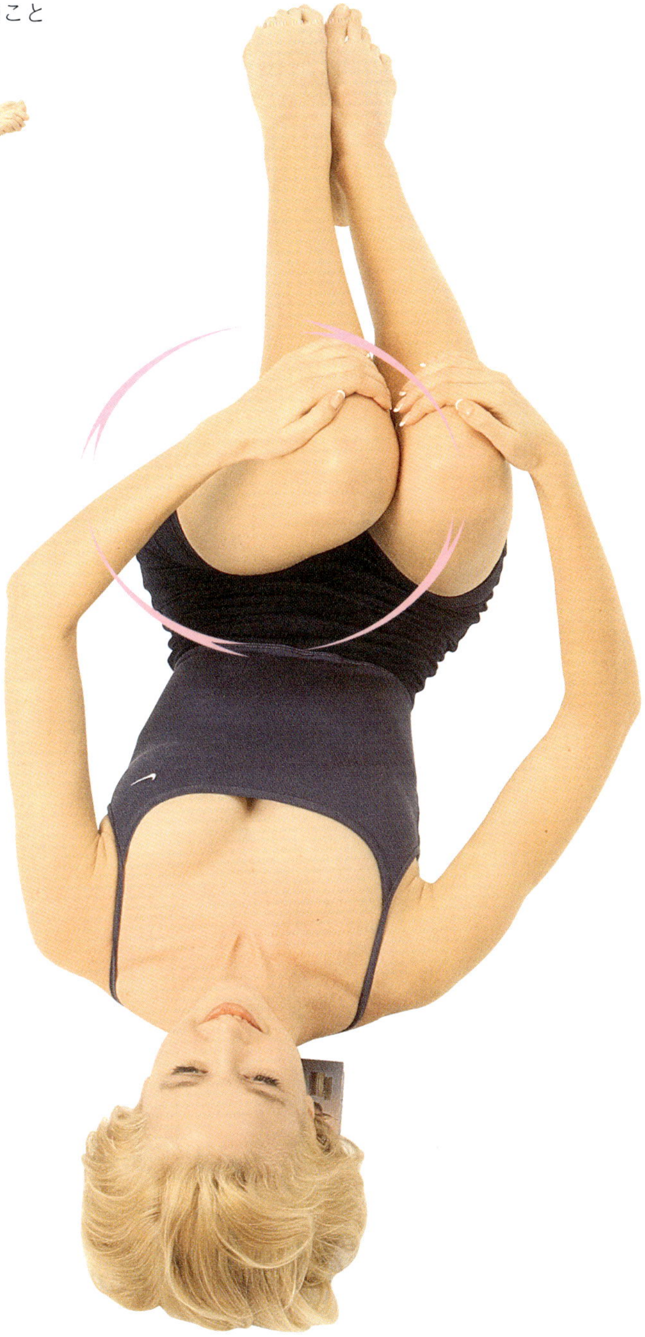

▲1の動き

仰向《あおむ》けに寝ます。脊椎《せきつい》を床につけて伸ばし、膝《ひさ》を胸に引きよせ、足はリラックスさせます。膝《ひさ》のすぐ下に手を置きます。

▶ 2の動き

息を吸って、吐きながら、おへそを背骨に引きよせ、エクササイズを行います。手で膝《ひさ》を動かすようにして、小さな円を描きますが、背中が床に描いている大きな円に意識を集中します。ヒップを突き出してはいけません。ゆっくり、小さく動かすことを心がけましょう。時計回りに10回、反対回りに10回行います。

脊椎《せきつい》（脊柱《せきちゅう》）をほぐす

肩、背中、首に凝りをためがちな人に最適な2つのエクササイズを紹介します。凝りがたまっている部分がほぐれ始めると、今よりも呼吸がずっと楽にできるようになります。

タオルを使って

このエクササイズでは丸めたタオルを使います。普通のハンドタオルを用意し、きつく丸め、両端をゴムバンドでとめます。タオルに違和感を感じる場合は使わなくてもかまいません。

アッパーバック・リリース入門
（上背部をほぐす運動）

▼1の動き

仰向《あおむ》けに寝ます。膝《ひざ》を立て、足の裏をパラレル（膝《ひざ》と同じ向き）にして床につけます。タオルを棒状にし、肩甲骨の少し下に置きます。背中でタオルに体重をかけながら、両腕をまっすぐ天井へのばします。手のひらの力を抜いて、遠くに引き抜かれるように指先をのばします。

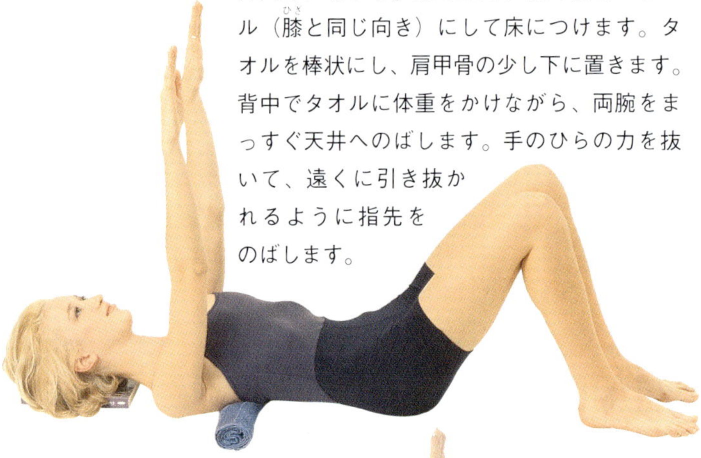

▼2の動き

深く息を吸い、吐きながら、片方の腕を頭の方へ、もう一方の腕を足先の方へ同時に下ろします。手のひらは自然な向きにしておきます。もう一度息を吸って、両腕を同時に天井の方にもどし、吐きながら前とは逆の方向に下ろします。首や顎《あご》に力が入らないようにして、交互に10回行います。

ヒップロール初級（腰の回転運動）

ウォームアップで行ったヒップロール入門をさらに進めます。ここでは、足の間をあけることで、全身がさらに伸びるのを感じるはずです。

▶ 1の動き

足もとの幅を45cmほどあけ、仰向《あおむ》けに楽に寝ます。首を長くし、肘《ひじ》を曲げ、両手を頭の下にいれます。

◀ 2の動き

息を吸い、吐きながらおへそを背骨の方へ引き下げます。そのとき両膝《ひさ》をゆっくりと床の方に倒していきます。下側になった膝《ひさ》が簡単に床につくなら、上の膝《ひさ》もやさしく下ろしてみましょう。身体を伸ばしながら、顔は膝《ひさ》と逆の方向に向けます。

▶ 3の動き

息を吸いながら、両足をもとの位置にもどし、息を吐きながら、逆方向に倒します。動きの流れがとぎれないように、10回ずつ行ってください。

下背部を柔軟にする

筋肉を正しく使わないと、下背部を固くし、痛めることになります。このエクササイズは、下背部という大切な部分にたまった凝りをほぐします。

ペルヴィック・ティルト中級（骨盤の傾け）

ペルヴィック・ティルトの第3段階では、腕の動きを加えます。準備運動として、もう一度、入門と初級（参照→P.64～65）を行ってから始めましょう。

▶ 1の動き

息を吐くときに、おへそを背骨の方に引き下げながら、意識して大臀筋の下側をよせ合います。

◀ 2の動き

尾底《びてい》骨から腰にかけて、ゆっくりと丸めながら床から離していきます。おへそはずっと背骨の方に沈んだ状態を維持してください。

▶ 3の動き

お腹《なか》が引き伸びたまま、腰が床から無理なく離れるところまできたら、その姿勢を維持し、息を吸いながら、腕を天井の方に上げていきます。

◀ 4の動き

さらに腕を頭の方に下ろします（このとき、息は吸い続けています）。

▼5の動き

腕はそのままにして、息を吐きながら、背骨を上部からなめらかに床の上に下ろしていきます。腰や背中、脇《わき》が気持ち良く伸びるのを感じるはずです。

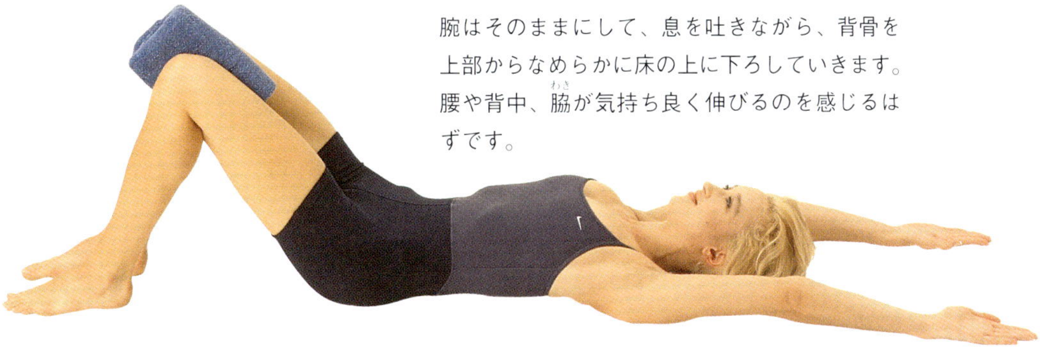

チェックリスト

■正しく呼吸していることを確認しましょう。このエクササイズでは、呼吸がとても大切です。

■繰り返すたび、椎骨《ついこつ》を意識するようにしましょう。蛇のようにしなやかな背中が理想です。

■肩、胸、首に力をいれてはいけません。この部分に力がはいってきたら、身体が上がりすぎているはずです。

■必ずおへそを引き、お尻《しり》の筋肉を意識してから、身体を床から離していきます。

■ペルヴィック・ティルトは、ゆっくり行うほど効果があがります。

▼6の動き

腰が完全に床についたら、息を吸いながら腕を身体の横にもどします。ゆっくりしたテンポで、10回繰り返します。

セントラル・ガードル（胴体の筋群）を強化する

バトックスクイーズ（参照→P.68）から始まった、セントラル・ガードル（胴体の筋群）のエクササイズの第2段階にあたります。まず、バトックスクイーズを10回行ってから始めましょう。

ヒールリフト（かかとを上げる運動）

バトックスクイーズが終わったら、腿《もも》にはさんでいたクッションをはずします。

▼1の動き

バトックスクイーズと同じポジションでうつぶせになります。深く息を吸って、吐きながら、おへそを背骨に引きよせ、お尻《しり》の底の筋肉を閉じます。エクササイズ中ずっとこの状態を保ちます。

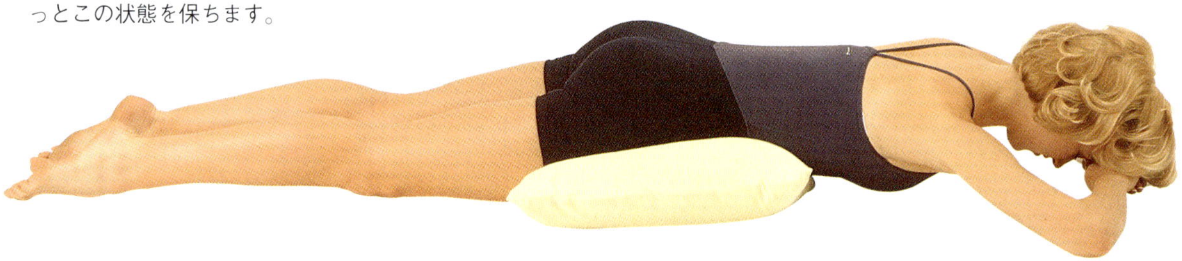

▼2の動き

うつ伏せになり、お腹《なか》の筋肉をゆるめないように骨盤を支えます。膝《ひざ》を真下に向けたまま、息を吐きながら、片方の足をお尻《しり》の方へ曲げます。息を吸いながらその足をゆっくり下ろしていくと、ハムストリングの反応がわかります。息を吐くときは、必ずおへそを背骨の方へ引きよせることを忘れないでください。左右10回ずつ行います。

アロー（胴体上部のための運動）基礎

セントラル・ガードル（胴体の筋群）を鍛えるために、このアローエクササイズがあります。レベル3の110ページで行う運動の基礎の動きとして紹介します。

▼1の動き

前ページと同じポジションでうつぶせになり、両腕を頭の上にのばします。

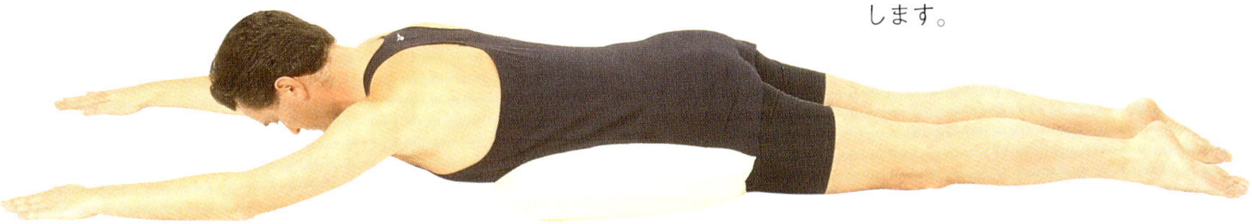

▲2の動き

息を吐くときに、大臀筋の下側を閉じ、おへそを背骨に引きよせながら、上背部の筋肉をウェストの方に引きよせます。同時に肘《ひじ》を曲げ、腕の付け根を上げ胸を床から離します。背骨の延長に長い首と頭がある、エレガントなラインを感じてください。息を吐ききったら、吸いながら元の位置にもどり、ゆっくりと10回ぐらい繰り返しましょう。

▼3の動き

レストポジション（参照→P.69）で、しばらく休みます。

チェックリスト

■上体を力いっぱい反らさないでください。ゆっくり、低く行うことが大切です。

■エクササイズ中、腹筋とお尻《しり》の筋肉を意識してください。疲れを感じたら休みましょう。

脚を鍛える

ここまで進めば、脚が強くなってきたと感じるはずです。また、いろいろな筋肉について意識できるようにもなったことでしょう。これから4ページは、さらに脚の調子を良くし、強化して、長く伸ばすためのエクササイズを紹介します。

サイドリフト（脚を真横に上げる運動）

70ページのエクササイズをさらに進めます。足と膝《ひざ》と腰がつねに一直線にならび、まっすぐ前を向いているようにしておきます。

▼1の動き

横向きに寝て、背中は壁につけ、腰はまっすぐ前を向けます。ウェストを支えるため、下に小さなクッションを置きます。上に伸ばした下の腕と頭の間にクッションかタオルをはさみます。上の手を床につけて、支えます。

▲2の動き

息を吸って、吐きながら、おへそを背骨に引きよせ、上の脚を上げ、足の間を広げます。膝《ひざ》は正面を向いたままです。腿《もも》の上まで脚の筋肉全体が働いているのを感じるはずです。脚を下げ、左右10回ずつ繰り返します。

▼3の動き

片脚ずつ楽に上げられるようになったら、両脚いっしょに上げましょう。腰の高さまで上げた状態を保ち（かなりハードなはずです）、緊張を感じたら下ろします。ゆっくりと最高10回まで繰り返しましょう。

インナー・サイ初級（内腿《もも》の運動）

忘れられがちな内腿《もも》の筋肉を強化します。71ページのエクササイズと同じ筋肉を使います。正しい筋肉を個別に意識するのが難しいときは、71ページのエクササイズをもう一度行いましょう。

▼1の動き

壁に背中と腰をぴったりとつけて寝ます。肩とおへその向きがねじれないように注意しましょう。上の膝《ひさ》を曲げ、枕《まくら》や丸めたタオルなどの上に休め、下の脚は伸ばします。運動をする姿勢が、ねじれずに心地よく保てるように、タオルなどで首や胴の位置を調整してください（身体の向きは常に正面を保っておきます）。

▼2の動き

息を吸って、吐きながら、おへそを壁の方に引きよせます。下のつま先をやさしく伸ばし、そのまま脚全体を伸ばします。膝《ひさ》は正面を向けたまま、下のかかとをゆっくり持ち上げます。下げながら息を吸います。全体を流れるように行いましょう。左右10回ずつ繰り返します。

強くなったと感じますか？

運動に慣れて、持久力がついてきたと感じたら、軽いウェイトなどで、足首に負荷を加えて行いましょう。

アウター・サイ初級（外腿《もも》の運動）

これは、レベル1のエクササイズと同じですが、レベル2ではアンクルウェイトを加えます。

チェックリスト

■背中はぴったりと壁につけ、腰は正面を向いたままです。

■脚はずっとまっすぐにしておきます。

■ゆっくり動かすほど、脚を長く伸ばすほど、効果があがります。

▼1の動き

足首にアンクルウェイトをつけ、壁に背中をあて、横向きに寝ます。下の腕を伸ばし、この腕と頭の間にたたんだタオルをはさみます。上の手はウェストにあてて支えます。下の脚を曲げ、上の脚は大きな固いクッションにのせます。上の足首を反らし（フレックス）、上腕を壁につけます。

▼2の動き

同じ姿勢のまま息を吐きながら、上の脚を股《こ》関節から引き抜く感じで、上方へゆっくりと押し上げます。動かす脚は正面を向けておきましょう。ウェストが縮まないよう、骨盤を手で支えます。脚をもどし、左右10回ずつ丁寧に行いましょう。

大臀筋ストレッチ

お尻《しり》にある大臀筋のストレッチには2段階あります。第1段階の方が簡単です。これを行えば、背中を斜め方向に伸ばすこともできます。

やさしく

■無理に身体を回してはいけません。背中が緊張していると感じたら、すぐに中止してください。

■右脚にそえる手は、膝《ひざ》ではなく、かならず腿《もも》にあてるようにしましょう。

第1段階

◀ 1の動き

写真を参考に、横向きに座ります。腰を起こして、胴体をねじらないように、ウェストから胸、顔を正面に向けます。片方の指先を床につけ、もう一方の腕全体を使って曲げている脚をつつむように、引きよせます。

▼2の動き

なめらかな動きで右に身体を回します。まずお尻《しり》が伸び、次に上半身、最後に頭を回します。しばらくそのまま伸ばしてから、1の動きのポジションにもどします。左右4回ずつ繰り返します。

第2段階

▲1の動き

背をのばして座り、左脚を曲げ、足をお尻《しり》に近づけます。右脚を左脚にかけ、左腕全体で右脚を包み、軽く引きよせます。

◀ 2の動き

第1段階と同じように、身体を支えている手と同じ方向に身体を回します。ゆっくり、なめらかな抑制した動きで、だんだんと伸びていくのを感じながら行いましょう。背中はまっすぐにしておきます。

腹筋を強化する

腹筋は、バランス、力、姿勢の中心となる筋肉です。しかし、腹筋を強くするには時間がかかります。これから紹介するエクササイズはやさしく行いましょう。引き伸びるべき腹筋が出っ張ってきたら中止してください。腹筋が出っ張るのは、腰や胴に自分のレベル以上の負荷がかかったためです。お腹《なか》の脇《わき》にある腹斜筋は、体を曲げたり、ねじったりするときに感じる筋肉です。

シットアップ（上体起こし）

レベル1のシットアップが楽にできるようになったら、レベル2のシットアップに進みましょう。無理をして高く上体を起こしたところで、筋力が強くなるわけではありません。腹筋が膨らんで、背中に負担をかけてしまいます。この運動はできるだけ小さく、抑制して行った方が効果があがります。

▲1の動き

仰向《あおむ》けに寝て、膝《ひざ》が直角になるように曲げ、足を椅子《いす》にのせます。両膝《ひざ》でクッションをはさみます。両手を頭の後ろにあて、肩と首がリラックスしていることを確認します。

▼2の動き

息を吸って、吐きながら、おへそを背骨に引きよせ、頭と肩を上げます。このとき、顎《あご》を落として、肩と首をリラックスさせておきます。無理に高く起こそうとしてはいけません。腹筋が引き伸びた形になっていることが何よりも大切です。出っ張ったり、震えたりしてきたら、高く起こしすぎです。ゆっくり身体を下ろしていき、1の動きのポジションにもどします。10回繰り返しましょう。

斜めシットアップ（斜め方向の上体起こし）

腹斜筋は、腹直筋に比べると、あまり発達していないことが多いものです。最初から高く起きようとしてはいけません。

▶ 1の動き

膝《ひさ》を上げて、仰向《あおむ》けに寝ます。左手を頭の後ろにあてます。右手を腹筋の上にのせ、腹筋が正しく働いていることを感じましょう。

▼2の動き

息を吸って、吐きながら、おへそを背骨に引きよせ、広背筋を下げるようにします。ベッドから起き上がるときのように、身体を右に向かって上げます。右手を広げて、斜めの筋肉が働いているところにあてます。この腹斜筋がほんとうに強くなったら、広背筋を全部床から上げることを目ざします。ただし、これができる人はごくわずかです。腹筋が出っ張ったり、震えたりしないで、力をいれておける限界まで、できるだけ高く起こせるようにしましょう。左右に、それぞれ最高10回ずつ行います。

シングルレッグ・ストレッチ

このシングルレッグ・ストレッチと120ページのダブルレッグ・ストレッチは、ピラーティスのオリジナルエクササイズの中でも、代表的なものです。名前は単純ですが、運動の内容はよく考えられており、非常にハードなエクササイズです。

チェックリスト

■おへそを背骨に引きよせ、頭と肩を上げた基本ポジションを保ちましょう。エクササイズが終わるまで、全身を床につけてはいけません。

■ヒップから足先まで、脚をやや外向きにします。とくに脚を伸ばすときに意識しましょう。

▶1の動き

仰向《あおむ》けに寝て、膝《ひざ》を胸に近づけます。膝《ひざ》の間は肩幅と同じにし、足と足をつけます。おへそを背骨に引きよせ、両手をくるぶしまでずらしながら、上半身を前に曲げます。

◀2の動き

息を吸って、吐きながら、右脚を伸ばし、左膝《ひざ》を胸に近づけます。左手は左のくるぶしにあてたままで、くるぶしと膝《ひざ》の高さが同じになるようにします。

▶3の動き

息を吸って、吐きながら全身を伸ばします。脚をかえ、今度は左脚を伸ばします。交互に10回ずつ繰り返します。

腕を強化する

ここで紹介するエクササイズは、腕の筋肉を強化し、鍛えるものです。最初はウェイトを使わずに練習し、腕が強くなればウェイトを加えましょう。ダンベル（最高1kg）を使うか、缶詰で代用します。

チェックリスト

■腕はずっと大きなカーブを保つようにします。
■手を胸骨と同じ高さにしてから始めます。肩の高さまで上がりがちですので注意しましょう。

アームウェイト入門
（ウェイトを使った腕の運動）

レベル1ではウェイトを使わずに行いました。ウェイトを使って腕が緊張するのを感じたら、レベル1のまま続けましょう。

▶ 1の動き

仰向《あおむ》けに寝て、膝《ひさ》を立て、足の裏を床につけます。足の間は腰の幅にします。腰が床についていること、首と肩がリラックスしていることを確認します。手を胸骨の高さであわせ、両腕で円をつくります。ウェイトを使うときは、両手に1つずつ持ちます。

▼2の動き

息を吸って、おへそを背骨に引きよせ、腕のカーブを保ちながら左右に開いていきます。息を吐いて、1の動きにもどします。10回繰り返します。

アームウェイト初級

これは新しく紹介するエクササイズです。最初はウェイトなしで行い、腕のカーブを確認しましょう。

▶1の動き

入門と同じく、仰向《あおむ》けに寝て、腕で卵形をつくります。ウェイトを使わない場合は、ゆるく指を組んでおきます。ウェイトを使う場合は、1本を両手で持ちます。

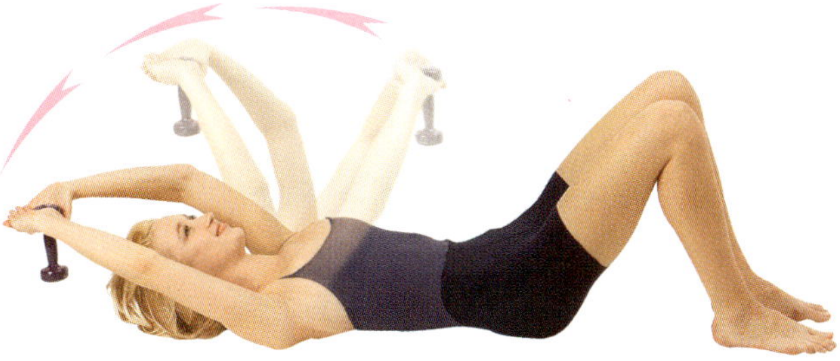

◀ 2の動き

おへそを背骨に引きよせ、息を吸いながら腕の形を保ったまま、手を頭の方へ下ろします。背中にアーチをつくらないようにしてください。息を吐きながら1の動きにもどし、10回繰り返します。

背中を強化する

無視され、忘れられがちな背中の筋肉のためのエクササイズを紹介します。筋肉をはっきりと意識するためには、背中にすべての注意を集中して、ゆっくり行います。

▶1の動き

壁につま先がつくぐらい近づいて立ちます。足の間は腰の幅にします。背中がまっすぐになり、首と肩に力がはいっていないことを確かめます。手のひらを肩の高さで壁につけます。

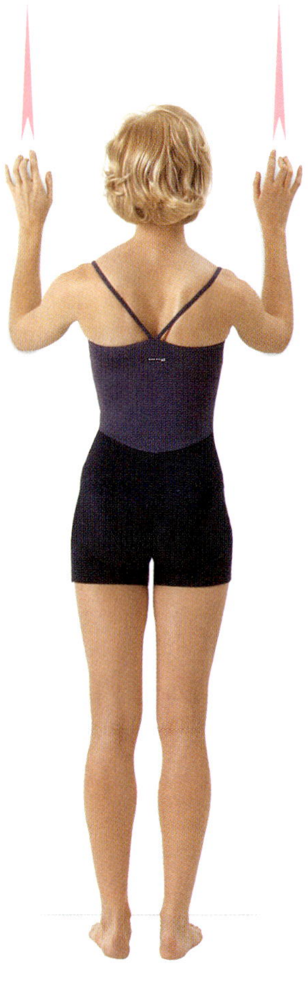

▲2の動き

ゆっくりと指をはいのぼらせていきます。両手をだんだん上げていきながら、背中で使われている筋肉をひとつひとつ感じてください。

◀3の動き

そのまま指をはいのぼらせ、腕をのばしますが、緊張させないようにします。もっと高くしようとして肩を上げてはいけません。

▶ **4の動き**

腕をのばしたまま、壁をさするように、ゆっくり円を描いて下ろしていきます。できるだけ大きな円を描き、どこにも力をいれないようにします。首と肩がリラックスしていることを確かめ、もう一度壁に手をあて、最初から2、3回繰り返します。

背中の筋肉を知る

背中の筋肉はあまり使われないため、あることさえ知らない人が多いのですが、このエクササイズを行えば、それがどこにあるかを知り、強化し、背中、首、肩に力をいれずに腕を動かす方法を覚えられます。

脚の運動

リミーディアル・レッグ（脚の矯正運動）中級

脚の矯正運動の第3段階で、外向きの回転を加えます。脚だけを回すのではなく、かならず股《こ》関節から回すことを忘れないようにしましょう。この中級を始める前に、入門と初級をもう一度行います（参照→P.72～73）。

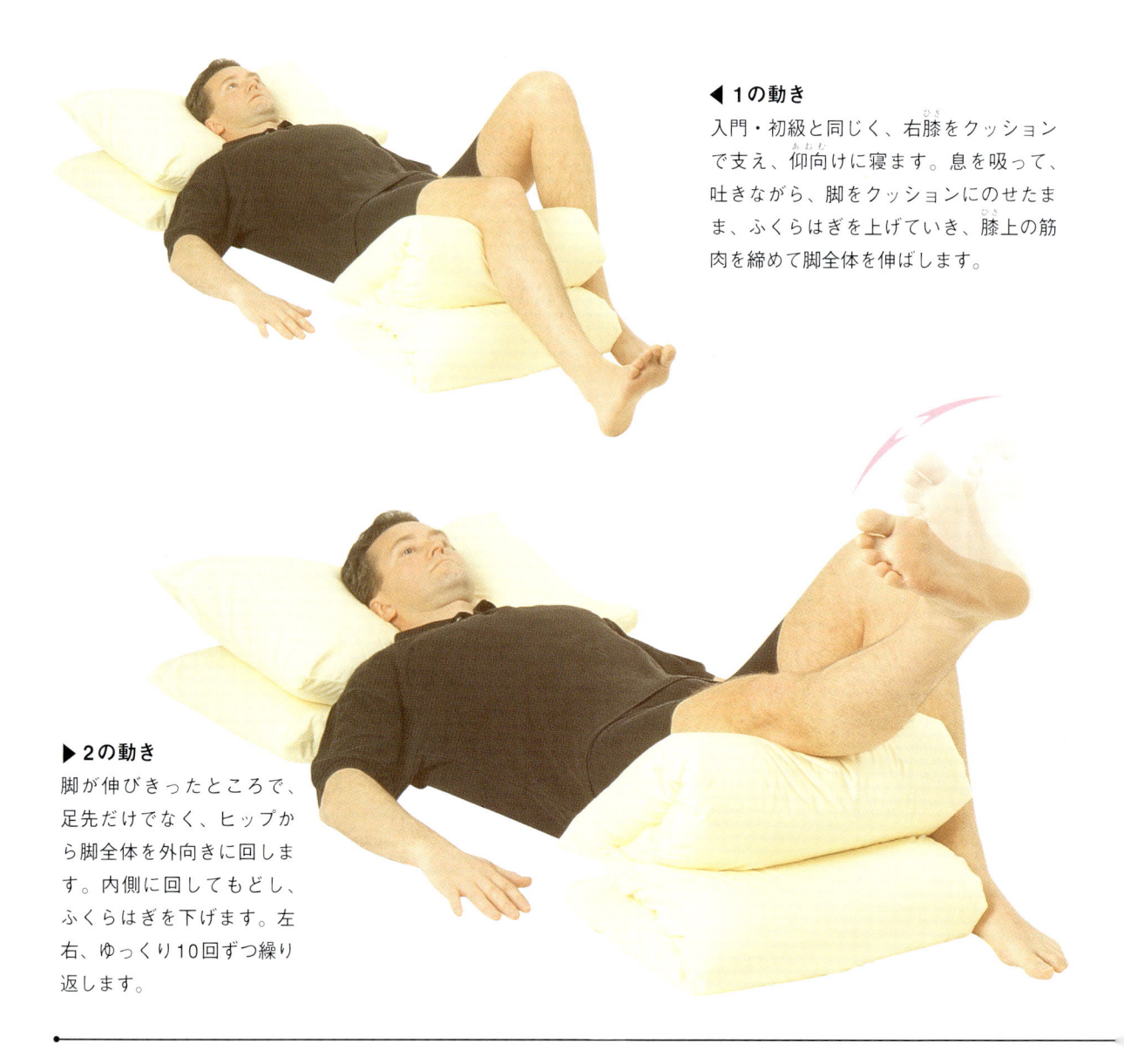

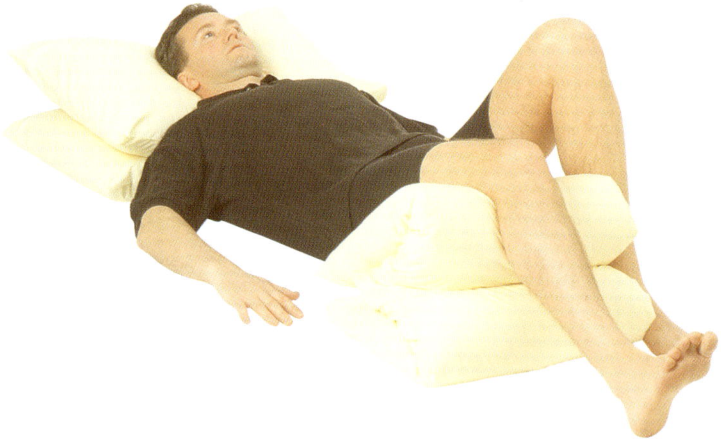

◀ 1の動き

入門・初級と同じく、右膝《ひざ》をクッションで支え、仰向《あおむ》けに寝ます。息を吸って、吐きながら、脚をクッションにのせたまま、ふくらはぎを上げていき、膝《ひざ》上の筋肉を締めて脚全体を伸ばします。

▶ 2の動き

脚が伸びきったところで、足先だけでなく、ヒップから脚全体を外向きに回します。内側に回してもどし、ふくらはぎを下げます。左右、ゆっくり10回ずつ繰り返します。

大腿四頭筋ストレッチ

このエクササイズを行えば、腿《もも》の前部が強く伸びるのを感じます。テーブルやキッチンカウンターなど、体重を支えられるように頑丈で、高さのあるものを用意しましょう。

▶1の動き

まずテーブルの端に座ってから、仰向《あおむ》けになります。頭と首をクッションで支え、両膝《ひざ》をやさしく胸に引きよせます。

◀2の動き

息を吸って、吐きながら、おへそを背骨に引きよせ、背中全体がテーブルにぴったりとついていることを確認します。左脚をテーブルの端から下ろし、右脚を持ってやさしく胸に近づけます。このとき、腹筋はずっと引いたままで、背中をテーブルから離してはいけません。短くても3秒間、そのポジションを保ちます。上に上げている脚の重さで、股《こ》関節が開きます。

▶3の動き

腹筋をしっかり締め、背中をテーブルにつけたまま、息を吸って、左脚を中央にもどします。息を吐いて、今度は右脚をテーブルの端から下ろします。左右交互に10回ずつ繰り返します。

ハムストリングストレッチ

ハムストリングはとても固い筋肉です。とくにハイヒールを履く女性のハムストリングは固くなります。無理に伸ばそうとしてはいけません。負担をかけずに伸びているのを感じられるよう、必要に応じて行いましょう。

▶ 1の動き

ベッドの端に座り、片脚を前にのばし、もう片方の足の裏を床につけます。腰がまっすぐ前向きになっていることを確認します。前にのばしている膝《ひざ》の裏に小さなクッションを置き、足首を曲げます。おへそを背骨に引きよせ、背筋が伸びていることを確かめます。

チェックリスト

- ■たくさん伸ばそうとして弾みをつけてはいけません。1回の動作でゆっくり行います。
- ■どこかが緊張しているのを感じたら、すぐに中止してください。

◀ 2の動き

息を吸って、吐きながら、スムーズに上半身を前に倒します。足首は起こしたままです。脚の裏側のハムストリングが伸びるのを感じるはずです。伸ばしきったところで数秒とめます。これはゆっくりとした、やさしいストレッチですので、曲げすぎないようにしましょう。息を吸って、1の動きにもどします。左右10回ずつ行います。

クッションスクイーズ初級
（クッションを締めつける運動）

レベル1のクッションスクイーズよりも、かなりハードになります。とくに内腿《もも》の筋肉がハードだと感じるはずです。ウォームアップとして、76ページのクッションスクイーズを行いましょう。

▼1の動き

背中を床につけて寝ます。両脚をまっすぐ前にのばします。足首をやさしく起こし、足の間に固いクッションをはさみます。

リラックス

■このエクササイズを行うにはかなりの力が必要なため、すぐに身体が緊張してしまいます。毎回、クッションを締める前に、首、腕、背中、肩、それに顔が緊張していないことを確かめましょう。リラックスしてから繰り返します。

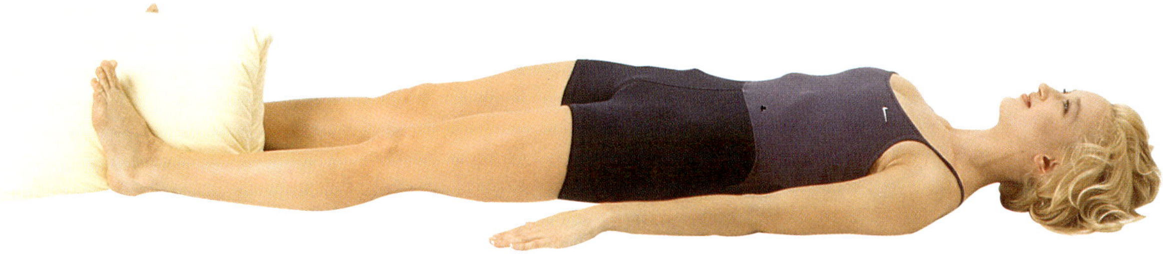

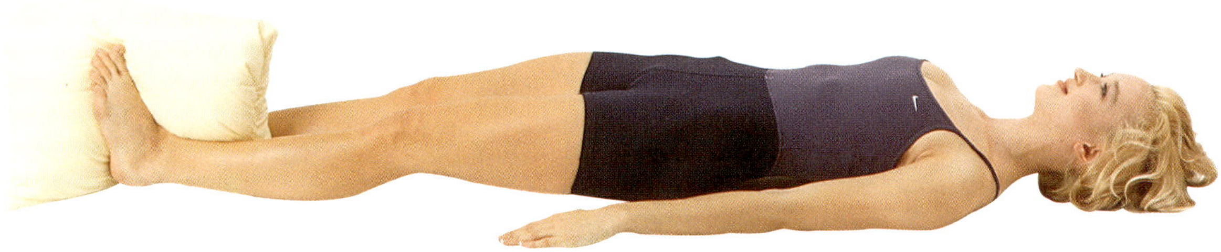

▲2の動き

息を吸って、吐きながら、おへそを背骨に引きよせ、お尻《しり》の底の筋肉を締め、足でクッションを締めつけます。内腿《もも》全体が働いているのを感じるはずです。もとにもどし、10回繰り返します。

ピラーティスエクササイズ：レベル3

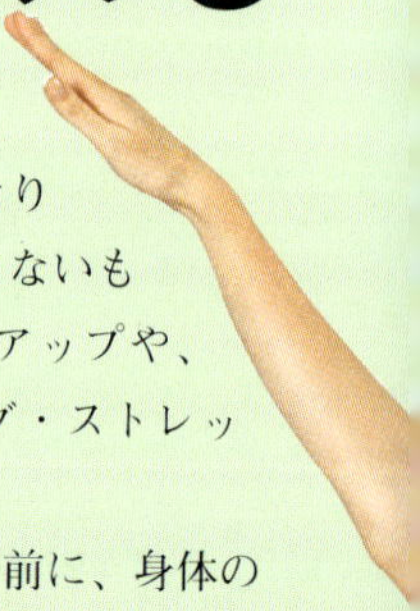

創始者のことば

「すべての筋肉が等しく発達して初めて、本当のしなやかさが身につきます」

ジョウゼフ・ピラーティス

レベル1とレベル2のすべてのエクササイズを楽に行えるようになれば、ピラーティスエクササイズの最終段階、レベル3に進みましょう。

急ぐ必要はありません。身体の強さにあわないエクササイズに挑戦したために正しく行えないよりも、筋肉を鍛えるのに時間をかけるほうがずっと良いのです。レベル3のエクササイズの中には、セントラル・ガードル（広背筋、腹筋、お尻《しり》）がかなり強くなってからでないと、できないものがあります。上級のシットアップや、アロー、ドッグ、ダブルレッグ・ストレッチなどがそうです。

それらのエクササイズを行う前に、身体の準備をすることが大切です。まずウォームアップに時間をかけて単純なエクササイズを行いましょう。ウォームアップは、その後の難しいエクササイズの基本となります。

これまでにできるようになったこと

■筋肉が鍛えられ、いちじるしく発達したのがわかります。

■姿勢が優雅でゆがみがなくなり、楽に、そしてより正確に手足を動かせるようになりました。

■身体が動かしやすく、柔軟になりました。

レベル3とその先で目ざすこと

■筋肉をさらに強化し、鍛えます。セントラル・ガードル（胴体の筋群）をとくに重点的に行います。

■さらに複雑になるエクササイズを均等に行うようにします。

■正しい姿勢の感覚など身についたことを日常生活にいかし、ナチュラルな身のこなしができるようにします。

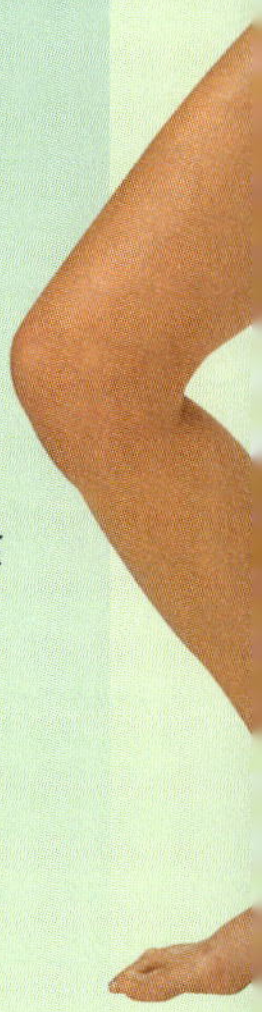

脊椎《せきつい》（脊柱《せきちゅう》）をほぐす

肩、背中、首に凝りをためがちな人に最適なエクササイズです。まず、アッパーバック・リリース入門（参照→P.62）を行い、凝っている部分全体を開き、呼吸を上達させます。

アッパーバック・リリース初級（上背部をほぐす運動）

▶1の動き

膝《ひさ》を立て、上背部に丸めたタオルをあて、仰向《あおむ》けに寝ます。腕でしっかりと円を描いていきます。まず、天井に向けて腕をのばします。

◀2の動き

深く息を吸います。息を吐きながら片方の腕を頭の方に、もう一方の腕は足先の方へ同時に下ろします。

▶3の動き

両腕を同時に外側に回し、それぞれが身体と直角になるようにします。
左右の手のひらの向きをそれぞれ腕の付け根からかえ、腕の回転を続け、2の動きのポジションと腕の向きが反対になるようにします。

◀4の動き

両腕を上げて1の動きにもどし、指先を天井に向けます。続けて、左右の腕を反対にして最初から始めます。交互に10回ずつなめらかに繰り返します。

アッパーバック・リリース中級

60～61ページで紹介したエクササイズの腕と背中の動きをさらに進めます。前と同じく、肩ではなく、背中の筋肉を働かせていることを確認しましょう。

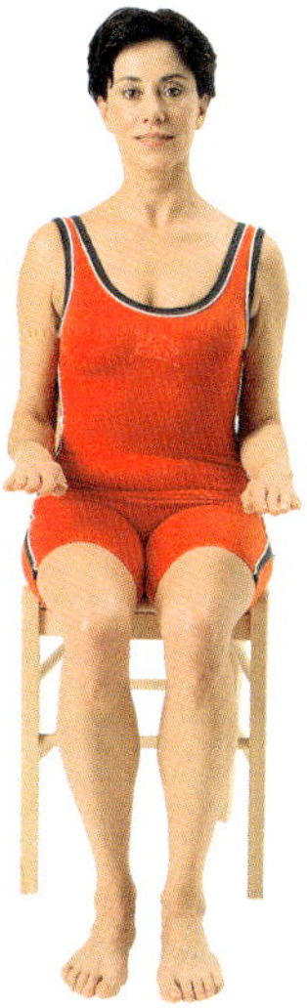

◀ 1の動き

椅子《いす》に座って、膝《ひさ》を直角に曲げ、両肩の高さを同じにし、リラックスさせます。肘《ひじ》のところで腕を曲げ、上腕を脇《わき》につけておきます。手のひらは下向きです。

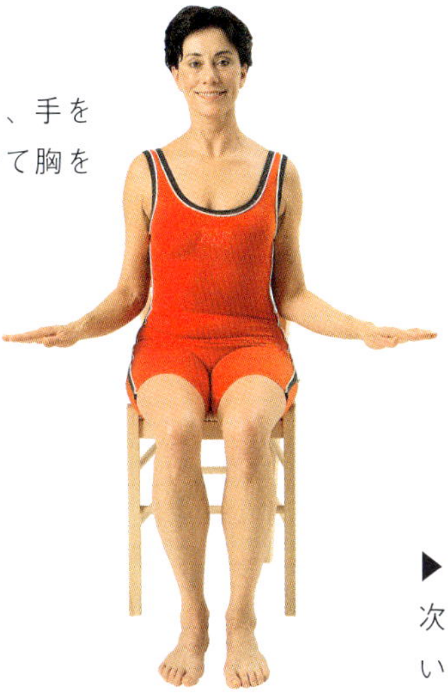

▶ 2の動き

上腕を脇《わき》につけたまま、手をゆっくり外に回転させて胸を開いていきます。

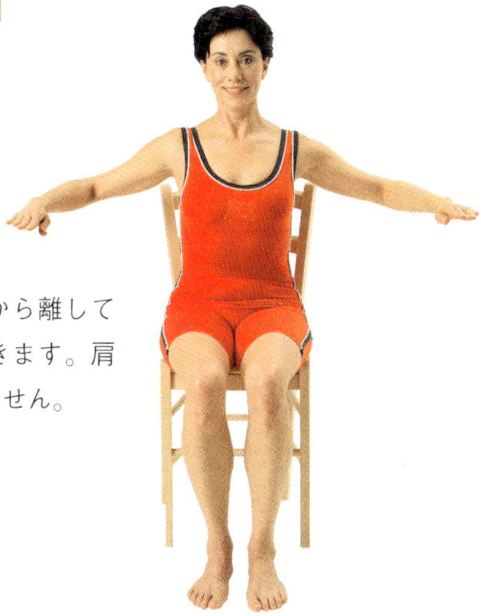

▶ 3の動き

次に、手を身体から離していき、上腕も開きます。肩を上げてはいけません。

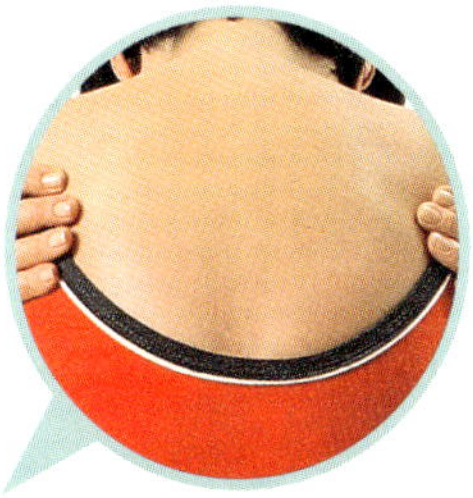

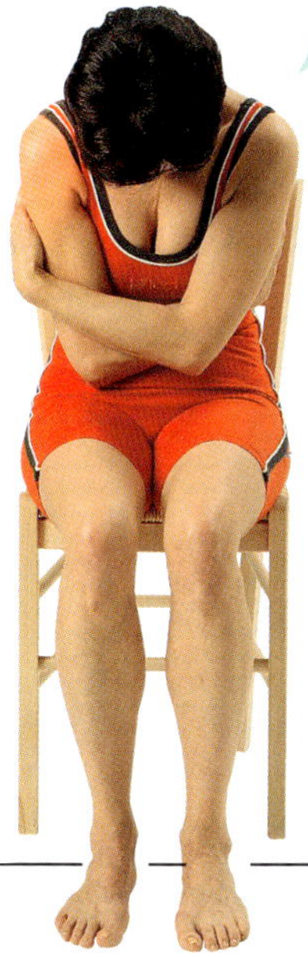

◀ 5の動き

次に背中をほぐします。胸に腕をまきつけ、頭を下げ、息を吐きながら、おへそを背骨に引きよせます。10回繰り返します。

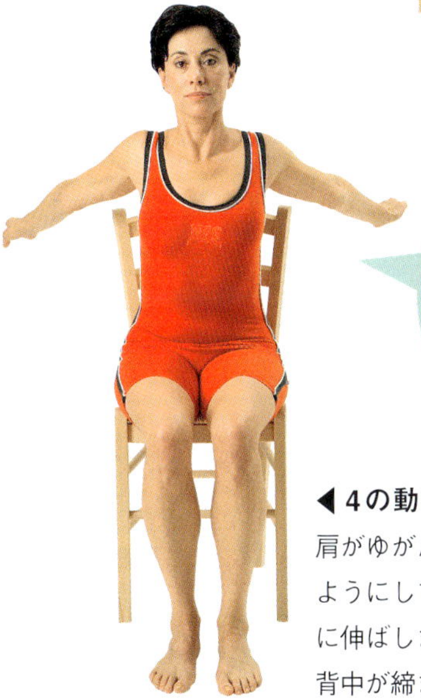

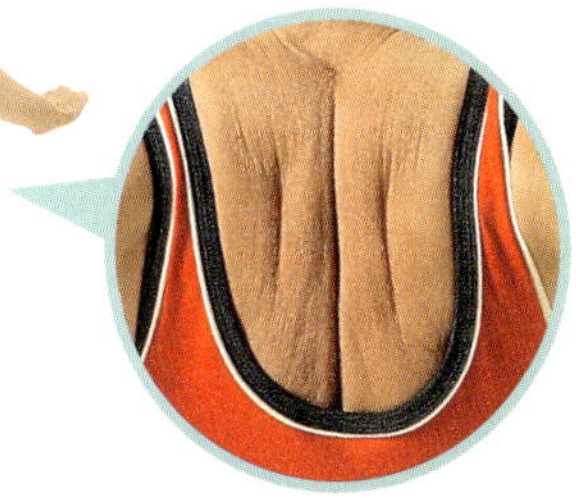

◀ 4の動き

肩がゆがんだり、上がったりしないようにして、両腕をできるだけ後ろに伸ばします。肩甲骨が押しあって、背中が締まるのを感じます。

脊椎《せきつい》(脊柱《せきちゅう》)を柔軟にする

ペルヴィック・ティルトの最終段階です。上級の名のとおり、難しいエクササイズです。腹筋が強くなるまでは行ってはいけません。中級までと同じく、深く息を吸って、吐きながら、おへそを背骨に引きよせ、お尻《しり》の筋肉を閉じ、なめらかなカーブをつくって脊椎《せきつい》を床から離していきます。まずは、ウォームアップとして、基本となるペルヴィック・ティルト（参照→P.64～65、84～85）をいくつか行いましょう。

ポイント

このエクササイズはハードで、とくに腹筋が強く働きます。最初から全部を通して10回繰り返そうとせずに、1動作ごとを正確に行いましょう。背中に痛みを感じたり、お腹《なか》が膨らんだり、震えたりしたら、すぐに中止します。

ペルヴィック・ティルト上級
(骨盤の傾け)

▶1の動き

膝《ひざ》を立て、腕、首、背中をリラックスさせて、仰向《あおむ》けに寝ます。腿《もも》の間にクッションをはさみます。

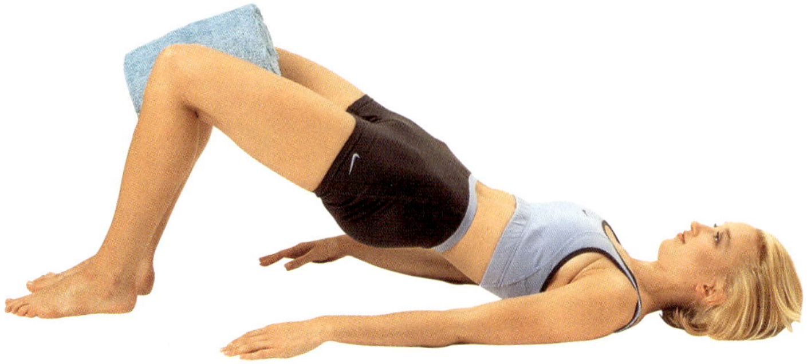

◀2の動き

深く息を吸って、吐きながら、おへそを背骨に引きよせ、脊椎《せきつい》が床の上で伸びるのを感じます。お尻《しり》の底の筋肉を締めますが、腿《もも》のハムストリングは締めないようにします。内腿《もも》でクッションをはさみ、椎骨《ついこつ》を1つずつ上げるつもりで、カーブを描くように床から身体を上げていきます。

▶3の動き

腹筋に力をいれた姿勢を保ったまま、胴体を気持ちよく上げられるところまで上げます。そこで息を吸い、腕を上げ、頭の上の床につけて伸ばします。

▼4の動き

息を吐きながら、椎骨《ついこつ》を1つずつ下げるつもりで下半身を下ろしていきます。腕は頭の上に伸ばしたままです。脊椎《せきつい》が床についたら、腕がさらに伸びるのを感じるはずです。

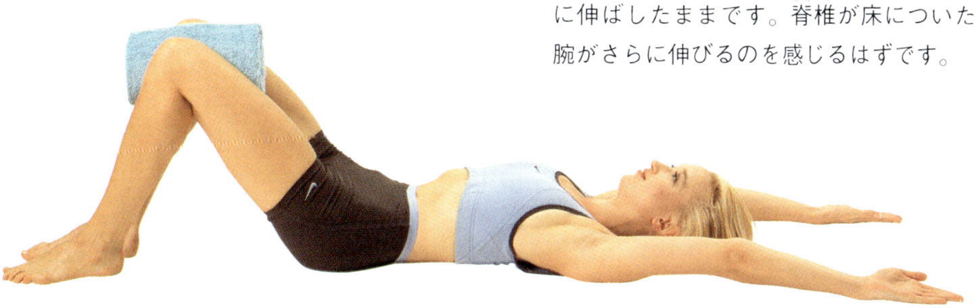

▶5の動き

息を吸いながら両手をそっと頭の後ろにあて、息を吐きながら上半身を少しだけ床から上げます。鼻の先をまっすぐ天井に向けます。

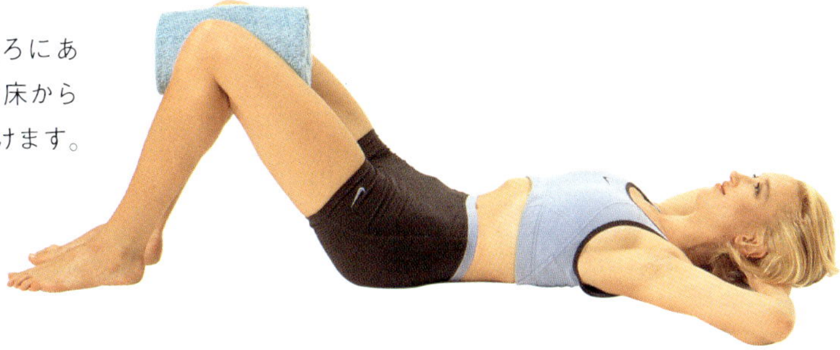

▶6の動き

そのまま、顔が前を向くまで上半身を上げ、ろっ骨の中央部まで上がっているのを感じます。

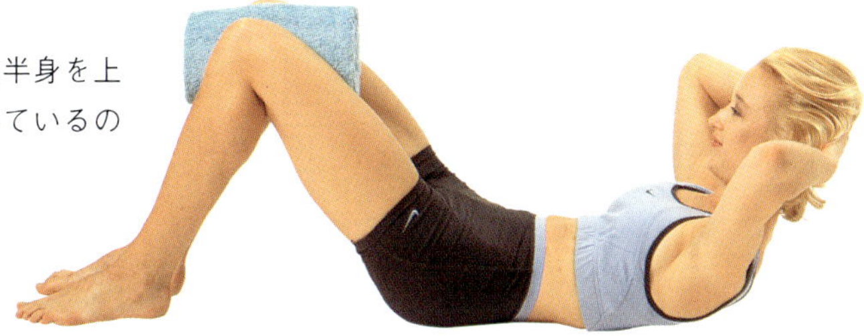

◀ 7の動き

手首を楽にし、腿《もも》の方向に腕をのばします。5の動きから7の動きまでは、息を吐き続け、流れをはやくして行います。首に力が入らないように気をつけながら、10回までできるようにします。

セントラル・ガードル（胴体の筋群）

レベル2のヒールリフトをさらに進めたエクササイズです。1回ごとにだんだんハードにしていきます。基本となるヒールリフトを気持ちよく行えるようになったら、ウェイトや丸めたタオルを加えていきますが、背中に負担を感じるようであれば、すぐにウェイトをはずしましょう。

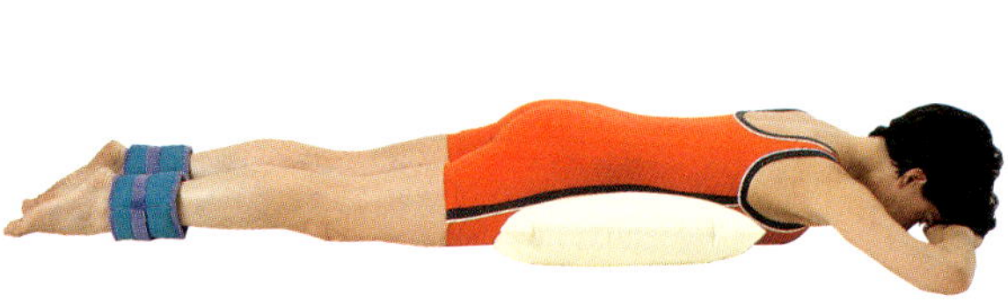

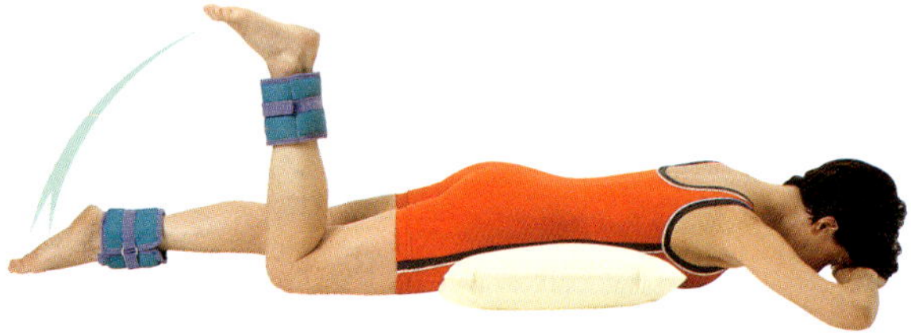

ウェイトを使ったヒールリフト
（かかとを上げる運動）

▲1の動き

足首にアンクルウェイトをつけ、うつぶせになります。お腹《なか》の下に枕《まくら》を置き、顔は両手の上にのせます。息を深く吸って、吐きながら、おへそを背骨に引きよせ、両膝《ひさ》を真下に向けます。

▲2の動き

1の動きのまま、息を吸い、吐きながら、膝《ひさ》をゆっくり曲げ、かかとをできるだけお尻《しり》に近づけます。かかとが身体の中心からずれないようにします。息を吸って、足を下げ、1の動きにもどします。左右10回ずつ行います。

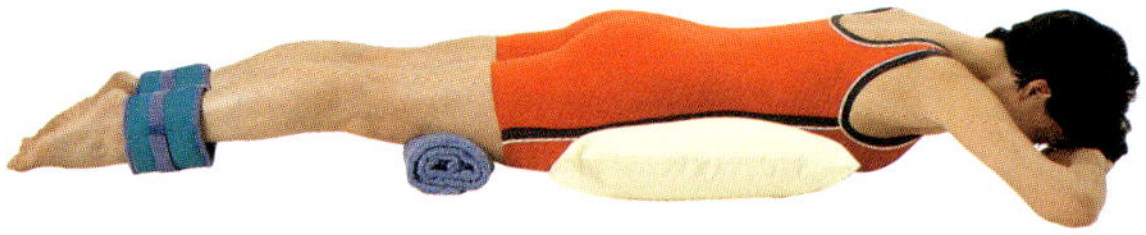

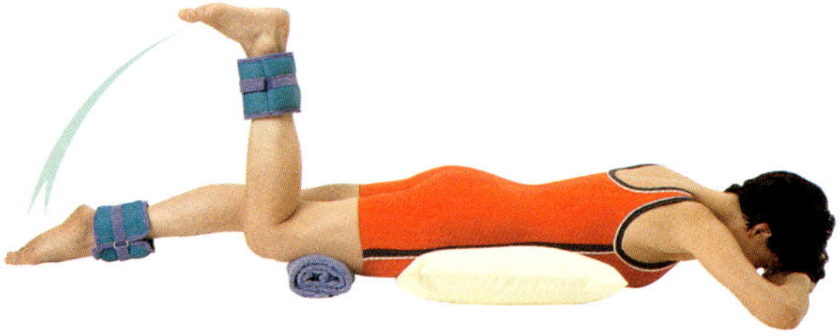

タオルを使ったヒールリフト

▲1の動き

まずはウェイトを使わずに行いますが、膝《ひさ》が痛んだり、緊張したりする場合はやめましょう。お腹《なか》の下に枕《まくら》を置いて、うつぶせになります。脚の下、膝《ひさ》の少し上に丸めたタオルを置きます。両手の上に顔を置き、上半身をリラックスさせておきます。

▲2の動き

息を吸って、吐きながら、おへそを背骨に引きよせ、両膝《ひさ》を真下に向けます。このポジションのまま、前のエクササイズと同じように、ゆっくりと膝《ひさ》を曲げていきます。足を下げ、10回繰り返し、次に足をかえて10回行います。

ストマックストレッチ（お腹《なか》のストレッチ運動）

このエクササイズを正しく行うためには、おへそをずっと背骨に引きよせておかなければいけません。最初は1、2回行うだけにし、身体が強くなれば、だんだん増やして最高5回まで繰り返します。

▼1の動き

うつぶせになり、腕と脚をのばします。両手の間、両足の間はそれぞれ腰の幅にし、手のひらは下向きにします。脚はターンアウトで、つま先をのばします。下背部を支えるように、お腹《なか》と腰の下に枕《まくら》を置きます。息を吸って、吐きながら、おへそを背骨に引きよせ、お腹《なか》と床の間に隙間《すきま》があくのを感じます。このポジションのままエクササイズを行います。

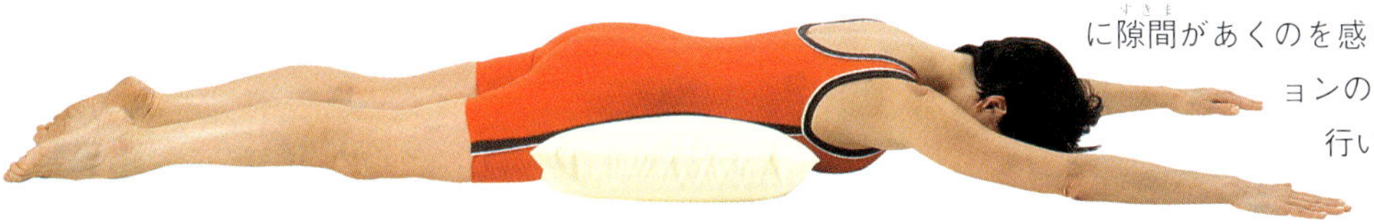

▶2の動き

息を吸って、吐きながら、両腕、両脚を伸ばし、左腕と右脚を床から5cmぐらい上げます。

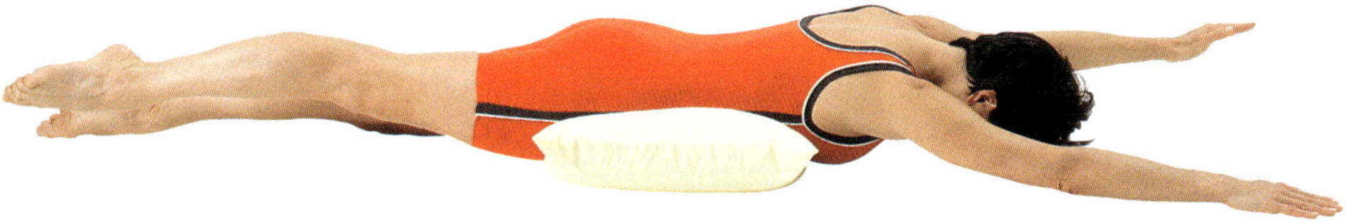

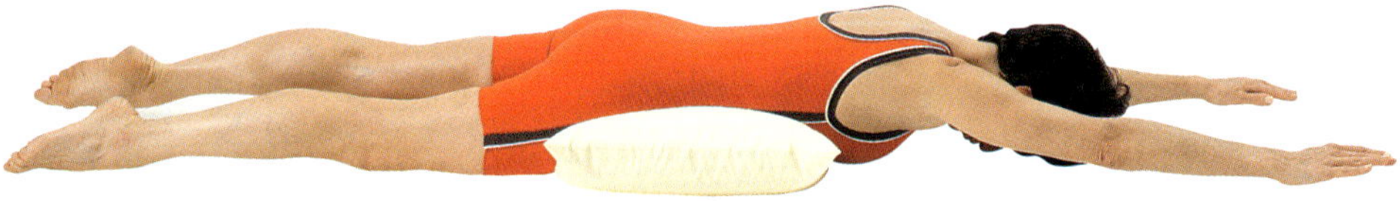

▲3の動き

息を吸って、腕と脚を下げます。吐きながら、今度は右腕と左脚を上げます。

▶4の動き

息を吸って、吐きながら、次は両腕と両脚をいっしょに床から5cm上げます。最初から5回繰り返します。

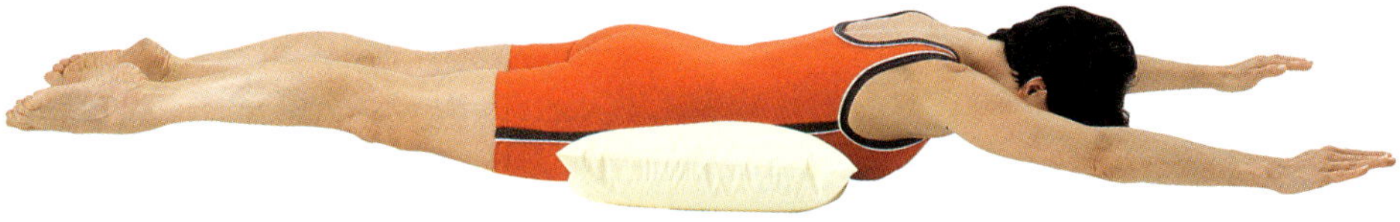

アロー

アローは、セントラル・ガードル（胴体の筋群）をすべて使います。広背筋、腹筋、お尻《しり》の筋肉が互いに関わりあいながら働きます。アローの前に、必ずバトックスクイーズとヒールリフト（参照→P.68～69、86～87）を行いましょう。アローに必要な筋肉が最大限に働いていることを確かめます。

▼1の動き

お腹《なか》の下にクッションを置き、床か固いベッドにうつぶせになります。額に枕《まくら》をあてると、下を向くのが楽です。腕は身体の脇《わき》にのばし、指先を足の方に向けます。

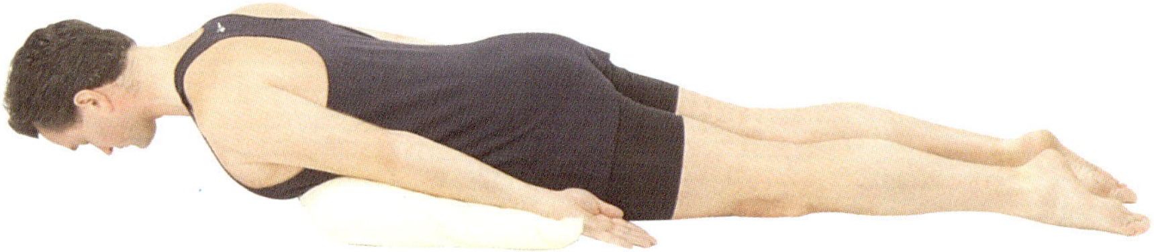

▶2の動き

息を吸って、吐きながら、おへそを背骨に引きよせ、お尻《しり》の底の筋肉を合わせます。腕を天井の方に上げ、肩甲骨を骨盤の方に引き下げ、胸骨と頭を床から上げます。

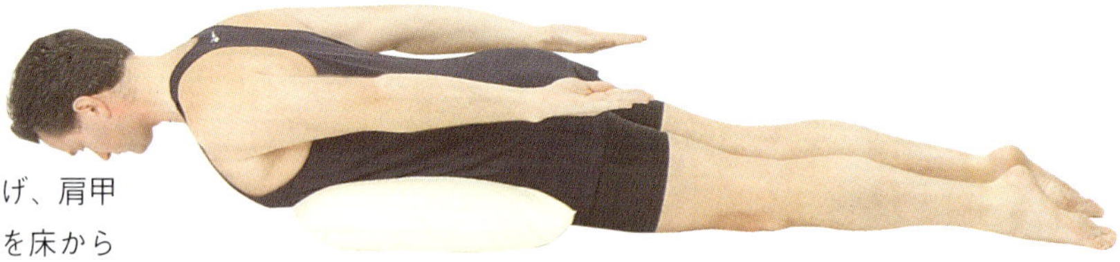

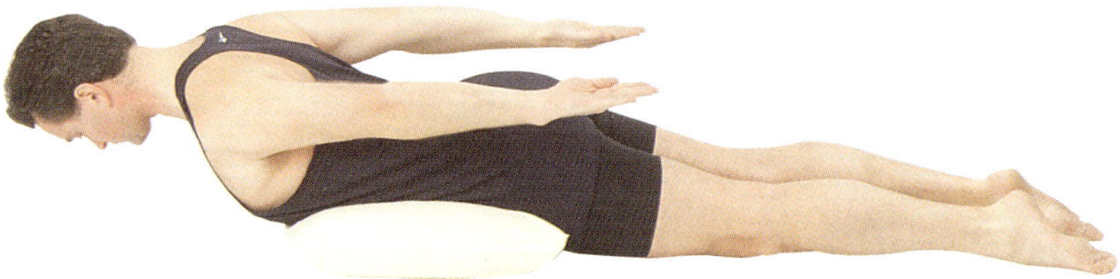

▲▶3の動き

腕も上半身も高く上げる必要はありません。この運動は、筋肉を引き伸ばすためのものです。息を吸って、1の動きにもどし、10回繰り返します。

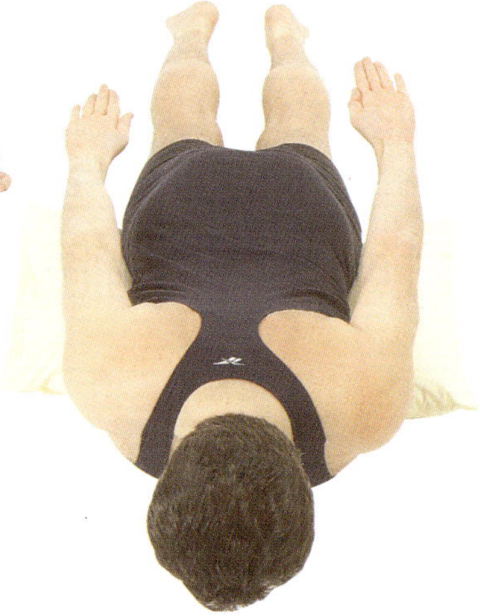

補助つきのレストポジション

アローの後は少し休みましょう。これは、レベル1のレストポジションを進めたものです。パートナーがいる場合は、補助を頼むとよいでしょう。脊椎《せきつい》の両端に手をのせて、やさしく押し広げてもらいましょう。

アローのチェックリスト

- ■床から高く起きすぎてはいけません。長く伸ばすための運動です。
- ■手のひらは天井に向けます。
- ■首や肩を緊張させてはいけません。
- ■腕をまっすぐにしますが、力をいれすぎて固くしてはいけません。
- ■深くゆっくり呼吸を行いましょう。

▶1の動き

アローから身体を引き上げ、かかとの上に座ります。腕は前にのばします。

◀2の動き

片腕を下げて、身体の横にそわせ、指をつま先の方に向けます。次にもう片方の腕も下げて、身体の横にそわせます。頭を横に向けたほうが楽かもしれません。しばらくこのポーズでリラックスします。

背中をほぐす

これはヒップロールの第3段階で、腕をのばして行います。最初は、家具など重いものを持って行うとよいでしょう。家具を後ろに置き、頭の上に腕をのばして持てるようにします。重い椅子《いす》やテーブルで、脚の間が60から90cmぐらいあいているものが良いでしょう。

ヒップロール中級（腰の回転運動）

▶1の動き

仰向《あおむ》けになり、腕を横にのばすか、家具を持って身体を固定します。膝《ひさ》を直角に曲げ、腿《もも》は床と垂直に、ふくらはぎは床と平行になるようにします。

◀2の動き

息を吸って、吐きながら、両膝《ひさ》をそろえてゆっくり片側に倒していきます。身体が斜めに伸びるのを感じながら行います。最大限に伸ばせるように、お尻《しり》の上の方から倒します。

▶3の動き

ヒップは床から離しますが、肩はつけたままです。脚を倒す方向と反対側に顔を向けます。ゆっくり交互に10回ずつ行います。

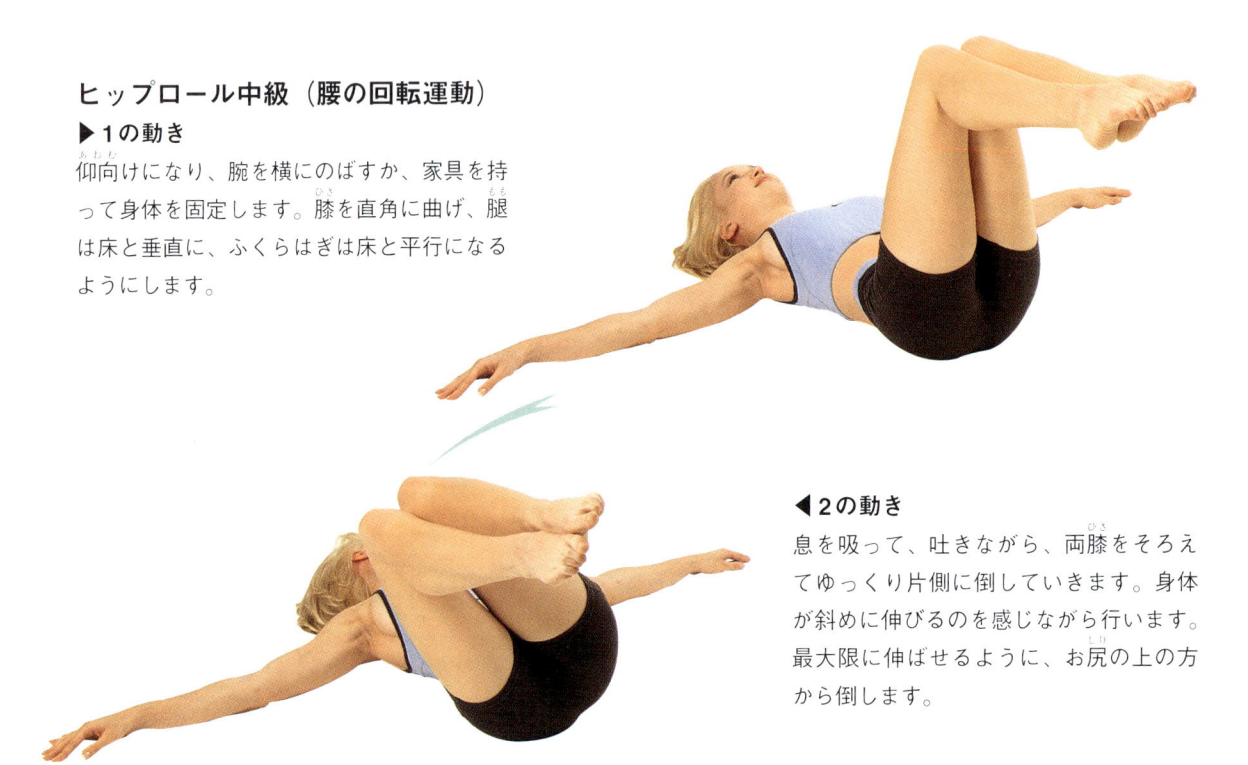

ヒップロール上級

中級を気持ちよくできるようになったら、上級に挑戦しましょう。お腹《なか》で脚全体の重さを支えるため、さらに強い腹筋が必要になります。

◀1の動き

中級と同じく仰向《あおむ》けになります。腕は横にのばすか、必要に応じて家具を持ち、身体を固定します。脚は床につけてのばします。

▶2の動き

息を吸いながら、左膝《ひざ》をゆっくり曲げ、胸に向かって引き上げます。つま先はのばしておきます。右脚は床の上でのばしたままです。

◀3の動き

膝《ひざ》を曲げたまま、左脚を右に回転します。脚の回転と反対方向に顔を向けます。

▶4の動き

回した左脚を引き伸ばし、足首を起こします。脚の重みで、足先を床につけにいきます。脚が伸びるのを感じながら、しばらくそのままにします。つま先を伸ばします。息を吸って、膝《ひざ》を曲げ、お腹《なか》の筋肉を使って回転してもとにもどし、膝《ひざ》を胸に引きよせます。息を吐いて、ゆっくり脚を伸ばし、1の動きにもどします。脚をかえて、交互に10回ずつ行います。

サイドツイスト（脇《わき》をひねる運動）

このエクササイズは、脇《わき》を伸ばす運動とひねる運動がいっしょになっています。身体の脇《わき》を開き、ウェストに効果をもたらします。ただし、腰は動かさないように気をつけましょう。

鏡で見ましょう

できれば鏡の前で行いましょう。ポジションを確認しやすくなります。とくに背中がまっすぐにのびているか、肩が下りているか、腰が正面を向いているかを確かめます。

▶1の動き

まっすぐに座り、両脚を前にのばします。左足が右膝《ひざ》にあたるように左脚を曲げます。左膝《ひざ》は床の方へ下ろします。

▶2の動き

頭をまっすぐに起こして背中を伸ばし、両腕を頭の上に上げ、指先を天井に向けます。息を吸います。吐きながら、胴体を、曲げている膝《ひざ》の方へスムーズにひねります。腰は正面を向いたままです。

▲**3の動き**

腕を下ろし、まっすぐ横にのばします。手のひらを天井に向け、腰は動かしません。肩がリラックスしていること、背中と胸が広がっていることを確認してください。

▶ **4の動き**

息を吐いて、のばしている脚の方に、なめらかな動きで身体を倒していきます。上の腕は頭上で大きな円を描くように下げ、下の手は足の内側につくようにします。できれば、そのまましばらく伸ばします。

◀ **5の動き**

息を吸って、上半身を真下に向け、背中を伸ばします。1の動きにもどし、両側4回ずつ行います。

脚を鍛える

最初に紹介するエクササイズは、前に出てきたエクササイズと同じですが、アンクルウェイトを使ってハードにしています。効果をじゅうぶんにあげるため、足、膝《ひざ》、腰が正面を向いていることを確認しながら行いましょう。2つめのエクササイズ、ロン・ドゥ・ジャンブは、バレエのバーレッスンを基本にしています。バーを持ち、立って行うと、身体の連なりを崩しがちですが、横になって行うためまっすぐに保ちやすくなります。ロン・ドゥ・ジャンブは、脚だけでなく、腹筋もかなり強くなければいけません。

アウター・サイ中級（外腿《もも》の運動）

▼1の動き

足首にアンクルウェイトをつけます。横を向いて寝ます。背中は壁につけ、腰は正面を向けます。ウェストを支えるために、下に小さなクッションを置きます。腰の少し下に手をあて、やさしく床に向かって押します。こうすることで、外腿《もも》に動きを集中させることができます。

▶ 2の動き

息を吸って、吐きながら、おへそを背骨に引きよせ、上の脚を上げます。このとき、足首をやさしく起こし、膝《ひざ》は前を向けたままです。腿《もも》全体の筋肉が働いているのを感じるはずです。

▼3の動き

脚をできるだけ上げます。腰が動いていないことを、あてている手で確認します。脚を下げ、左右10回ずつ行います。

ロン・ドゥ・ジャンブ

この名前は“脚の円”という意味です。つま先でとても小さな円を描きます。

ウェイトを使う

■楽にできるようになったら、アンクルウェイトを使いましょう。

■上の手を腰にあて、中心をずらさないようにウェストを伸ばします。

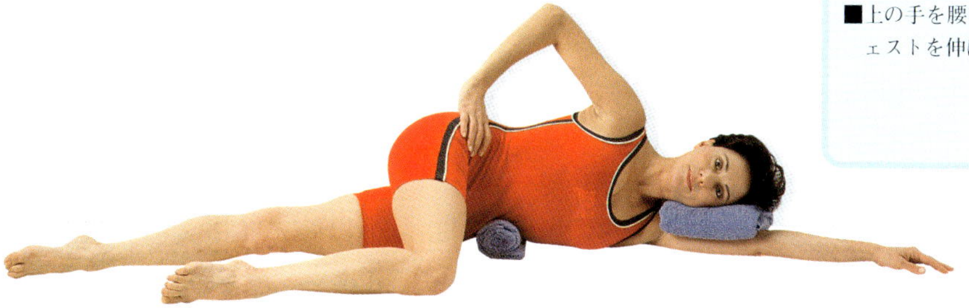

▲1の動き

横を向いて寝ます。背中を壁につけ、腰は正面を向け、クッションをウェストの下に置きます。上の手を腰にあてます。下の腕をのばして、その上に頭をのせます。

▼2の動き

息を吐きながら、下の脚を上げます。あまり高くは上がらないでしょう。

▼3の動き

股関節から脚全体をターンアウトにして、つま先をのばします。

つま先で4回円を描きます。時計回りに描いてから、反対回りに描きます。両脚10回ずつ行います。

腹筋を強化する

レベル2のシットアップを楽に行えるようになれば、ポジションを変えてハードにします。椅子《いす》に足をのせるかわりに、膝《ひさ》を立て、足の裏を床につけます。こうすることで上体を上げる幅が大きくなります。

▶ 1の動き

膝《ひさ》を立て、足の裏を床につけて、仰向《あおむ》けになります。両手を頭の後ろにあてます。肩と首がリラックスしているのを確かめます。

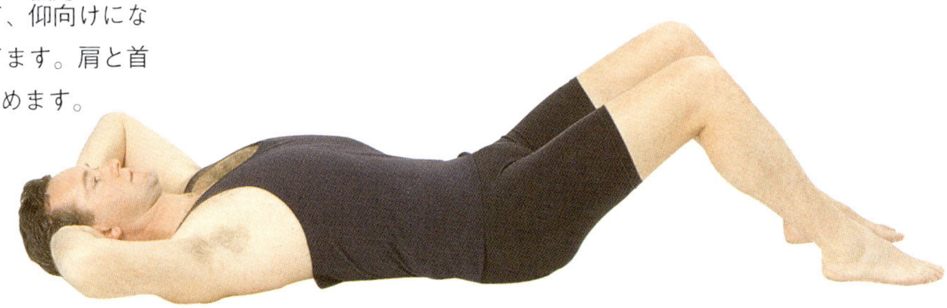

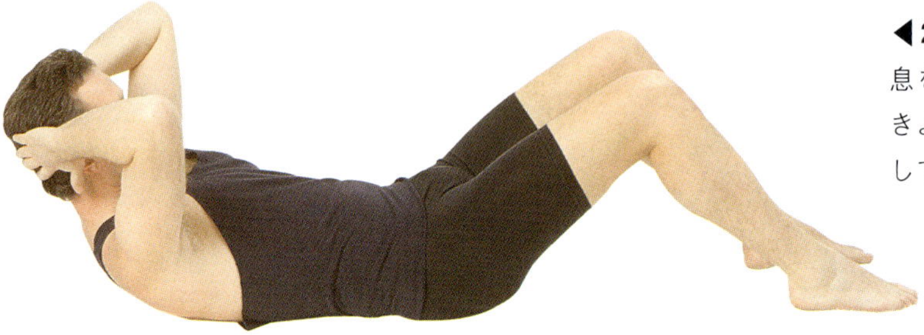

◀2の動き

息を吸って、吐きながら、おへそを背骨に引きよせ、頭と肩を床から上げます。顎《あご》を落として、首と肩はリラックスさせておきます。

▶ 3の動き

腕を膝《ひさ》の方に伸ばします。これまでと同じく、上体を無理に高く起こそうとしてはいけません。腹筋がへこんだ形になっていることが大切です。もし出っ張ってきたり、震えたりするときは、高く起きすぎているはずです。
できるだけ起きたところで、両腕を前に伸ばします。さらに少しだけ身体が上がるはずです。ゆっくり下ろしていき、1の動きにもどし、10回繰り返します。

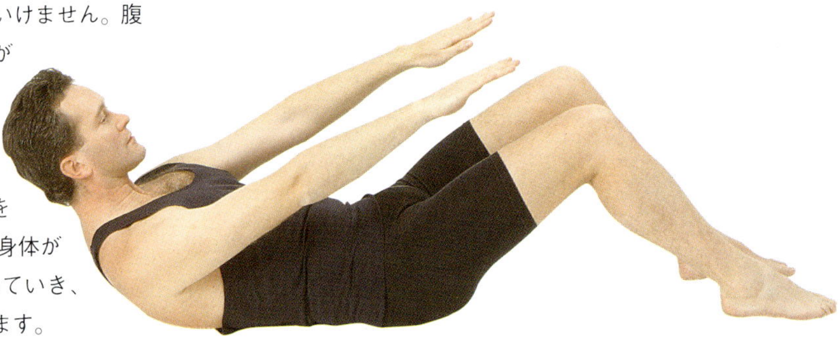

斜め強化運動

このエクササイズは脇《わき》腹に働きかけ、ウェストを絞ります。1の動きと2の動きを続けて行うことができたときだけ、3の動きに進みましょう。

固定するために

膝《ひざ》の間にクッションをはさめば、ポジションをとりやすく、また膝《ひざ》が動きません。足を家具にかけるか、パートナーに持ってもらうとよいでしょう。

▶1の動き

膝《ひざ》を立てて、床に寝ます。脊椎《せきつい》をまっすぐにし、おへそを背骨に軽く押しつけるようにします。右腕は身体にそわせてのばし、左腕は肘《ひじ》を曲げ、手を軽く頭にそえます。

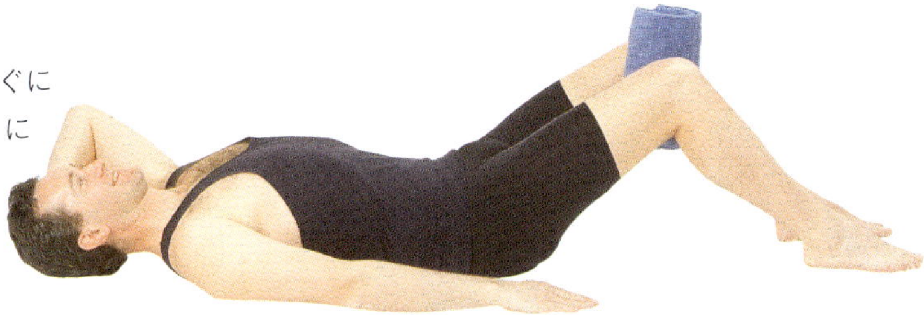

◀2の動き

息を吸って、吐きながら、右腕を右腿《もも》の方に伸ばし、頭と首を床から上げます。肩に力をいれたり、緊張させたりしてはいけません。頭と首を上げていきながら、左肘《ひじ》と左肩が右膝《ひざ》の方に向くようにひねります。目線を下げましょう。

▶3の動き

腹筋を使って、身体を固定しながら、右腕を上げ、手のひらを上に向けます。

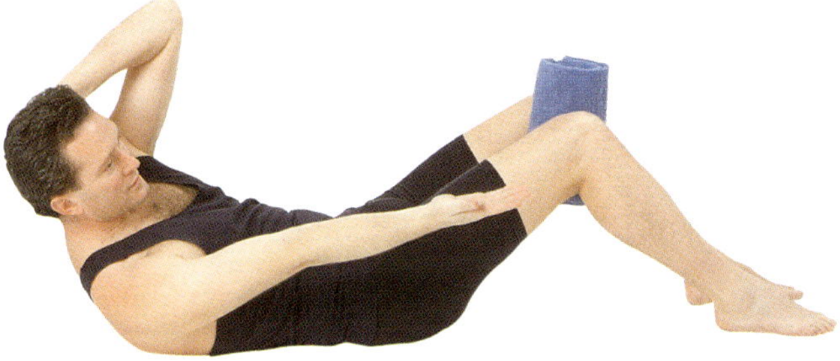

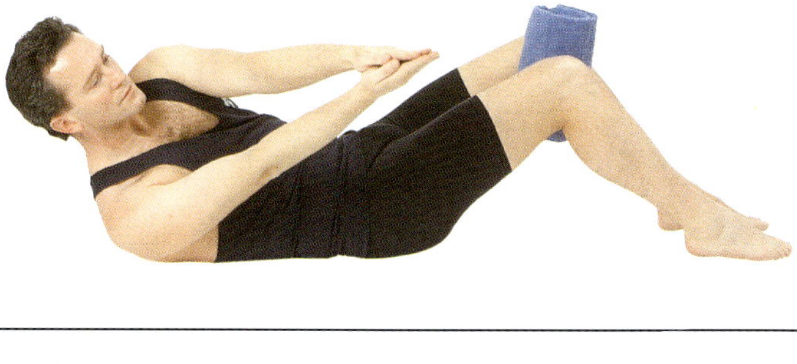

◀4の動き

左腕をのばします。右の手のひらを上に向け、その上に左の手のひらを重ねます。両腕を右膝《ひざ》に向けて伸ばします。左手を頭の後ろにあて、右の手のひらを下向きにして、1の動きにもどします。

ダブルレッグ・ストレッチ

ダブルレッグ・ストレッチの前に、ウォームアップとして、94ページのシングルレッグ・ストレッチを10回（左右5回ずつ）行うとよいでしょう。ダブルレッグ・ストレッチはかなりハードなエクササイズですので、最初から10回行おうとする必要はありません。3、4回丁寧に行うことから始め、徐々に増やしていきましょう。

▶ 2の動き

息を吸って、吐きながら、おへそを背骨に引きよせます。尾骨は床につけたままで、頭と肩を床から上げます。顎《あご》を引きますが、胸につけてはいけません。

▲1の動き

背中を床につけて寝ます。両膝《ひざ》の間は肩幅にし、膝《ひざ》を曲げて胸に近づけます。手を膝《ひざ》のすぐ下にあて、首と肩がリラックスしていることを確かめます。

◀ 3の動き

息を吸って、腕と脚を床から60度になるように伸ばします。脚を外向きに回し、内腿《もも》を締めます。

▼5の動き

息を吸いながら、腕の動きを続けます。円を描くように横に下ろしていき、また床から60度のところで止めます。つま先はのばします。
息を吐いて、ゆっくり膝《ひざ》と肘《ひじ》を曲げ、手を膝《ひざ》のすぐ下にあて、頭と上背部を床につけます。最初から10回繰り返します。

▲4の動き

脚と足はそのままで、息を吐いて、腕を天井に向けて上げ、そのまま耳の横を通って、頭の後ろで伸ばします。手のひらを外向きにします。

ドッグ

キャット（参照→P.77）と似ているところがありますが、さらに強い身体とバランス感覚が必要になります。

チェックリスト

■エクササイズ中、背中はずっとまっすぐにしておきます。

■首や肩を緊張させてはいけません。

■バランスをとっているときでも、体重を等しくかけるようにします。支えている脚の方に傾かないようにしましょう。

▶1の動き

キャットと同じポジションから始めます。両手と両膝《ひさ》に等しく体重をかけます。足の間は腰の幅にし、背中から頭の先まで、テーブルの板のように平らにします。

▶2の動き

息を吸って、右肘《ひし》と左膝《ひざ》を胴の下に巻き込みながら、背中をやさしく丸めます。このとき、左手と右脚でバランスをとっているはずです。

▼3の動き

次に、息を吐き、右腕と左脚を伸ばしきり、床と平行になるようにします。
少なくとも5回行い、腕と脚をかえて、また5回行います。

上半身をほぐす

身体の中心をそろえ、首、背中、肩の凝りをほぐすために、上半身のエクササイズを4つ行いましょう。最初にウェイトを使ったショルダーシュラッグ（参照→P.80）、2つのオープニング（参照→P.60〜61、105）、最後にコサック（参照→P.63）を行います。

腕と広背筋

次のエクササイズでは、上半身を動かし、広背筋（脇《わき》から背中にかけての筋肉）をさらに伸ばします。短い棒（長さ60〜90cm）か、丸めたタオルをゴムバンドでとめたものを用意しましょう。

▶ 1の動き

膝《ひさ》を立てて、仰向《あおむ》けに寝ます。脊椎《せきつい》の一番下から首筋まで長い直線になっているように、身体の連なりを確認します。両手で棒かタオルを持ちます。手の間は45cmぐらいあけます。

▼2の動き

息を吸って、吐きながら、おへそを背骨に引きよせ、肘《ひじ》を曲げて手を顔に近づけます。肘《ひじ》が床につくようにしましょう。

▶ 3の動き

手と顔の高さが同じになったら、腕を頭の上にのばします。

◀ 4の動き

腕を床に沿ってできるだけ伸ばしましょう。肩も伸びるはずです。

▶ 5の動き

息を深く吸って、腕を上げ、1の動きにもどします。10回繰り返しましょう。

腕を強化する

レベル2のウェイトを使った腕のエクササイズは続けて行い、それにここで紹介するエクササイズを加えます。腕に負担を感じる場合は、正しく動かせているかを確かめるため、ウェイトを使わずに行います。腕が強くなってから、ウェイトを使うようにしましょう。

アーム中級（腕の運動）

▶ 1の動き

仰向《あおむ》けになります。膝《ひさ》を立て、両腕を天井に向けてまっすぐのばします。左手でウェイトを持ちます。右手を左肘《ひじ》にあてて支えます。

▼2の動き

息を吸って、吐きながら、おへそを背骨に引きよせます。ウェイトを持ったまま、ゆっくり左手を左肩の方に下げます。
それから左手をまたゆっくり上げます。10回繰り返し、右腕も行います。

アーム上級

◀1の動き

中級と同じように、仰向《あおむ》けになります。両腕を天井に向けてのばし、左手にウェイトを持ちます。左肘《ひじ》に右手をあてて支えます。

▼2の動き

息を吸って、吐きながら、おへそを背骨に引きよせます。ウェイトを持ったまま、ゆっくり左手を下げますが、上級では右肩の方に下げます。

ゆっくり腕を上げます。左右10回ずつ行いましょう。

立って行うアームエクササイズ

腕のエクササイズをさらに紹介します。今度は立って行います。腕の動きに集中し、背中に余計な力をかけないため、最初に姿勢を安定させてから始めることが大切です。

デルトイド（三角筋）

デルトイドは、肩と上腕の上部にある筋肉です。デルトイドを強化すれば、関節が柔らかくなるだけでなく、姿勢が良くなります。とくに猫背やゆがんだ背中を治します。

チェックリスト

■首、肩、胸は開いたまま、動かさないようにします。
■抵抗になるものを使って、ゆっくり行います。
■背中は壁につけておきます。

▶ 1の動き

壁に背中を向け、30cmぐらい離れて立ちます。足の間は腰の幅にし、両肩、腰、両膝《ひさ》が一直線上にならぶようにします。膝《ひざ》を軽く曲げ、壁に背中がもたれるようにします。

◀ 2の動き

息を吸って、吐きながら、広背筋を押し下げ､腕を上げていきます。両腕が身体と直角になるように、真横に上げます。肩を上げないように気をつけましょう。腕を下げて、10回繰り返します。

上腕三頭筋と上腕二頭筋

上腕三頭筋と上腕二頭筋は、毎日腕を動かすときに使う筋肉です。上腕二頭筋は上腕の前にあり、上腕三頭筋は上腕の後ろにあります。この筋肉を鍛え、引き締めるエクササイズを紹介します。

▶ 1の動き

前のエクササイズと同じポジションで立ちます。肩をじゅうぶんに下げ、頭と首の力をぬきます。

▲▶ 2の動きと3の動き

片方の肘《ひじ》を曲げ、ウェイトを胸まで持ち上げます。下げながら、反対の腕のウェイトを上げます。交互に左右10回ずつ行います。

ランジ

ランジポジションで立って、上腕三頭筋と上腕二頭筋のエクササイズを行います。ランジポジションは、ウェイトを持ち上げるとき、背中に負担がかかるのを防ぎます。おへそに力をいれたままで行い、腕をもどしたとき、肩が上がっていないことを確かめましょう。

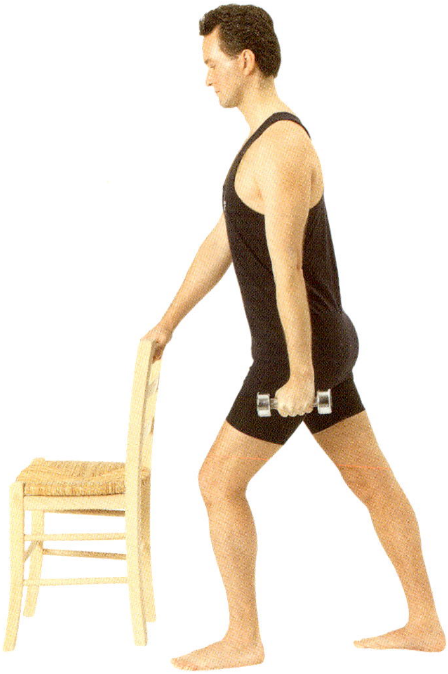

▶1の動き

壁から離れて立ち、右手を家具にをかけます。右足の30cm前に左足を出します。左脚を曲げ、前に身体を傾けます。これがランジポジションです。左手でウェイトを持ちます。

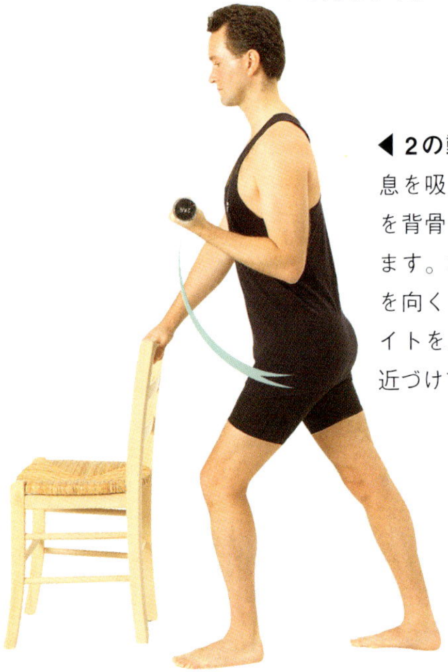

◀2の動き

息を吸って、吐きながら、おへそを背骨に引きよせ、広背筋を下げます。左腕を回して手のひらが前を向くようにし、肘《ひじ》を曲げてウェイトを上げます。肘《ひじ》はウェストに近づけておきます。

▶3の動き

腕を後ろに引いて、左右10回ずつ繰り返します。

脚の運動

リミーディアル・レッグ（脚の矯正運動）上級

脚のエクササイズの最終段階です。上げる運動、回す運動、伸ばす運動がはいっています。ウォームアップとして、これまでに紹介した脚の矯正運動（参照→P.72～73、98）の中から1つを行いましょう。

▶ 1の動き

仰向《あおむ》けに寝ます。頭と肩を大きなクッションで支え、右脚を別のクッションにかけ、左脚は床につけます。

◀ 2の動き

息を吸って、吐きながら、おへそを背骨に引きよせ、右脚を上げます。
脚がまっすぐにのびたところで、つま先をのばし、また反らせます。

▶ 3の動き

右脚を股《こ》関節から外向きに回し、左肩を目ざして上げていきます。高く上げるのが目的ではありません。上げすぎないようにしましょう。

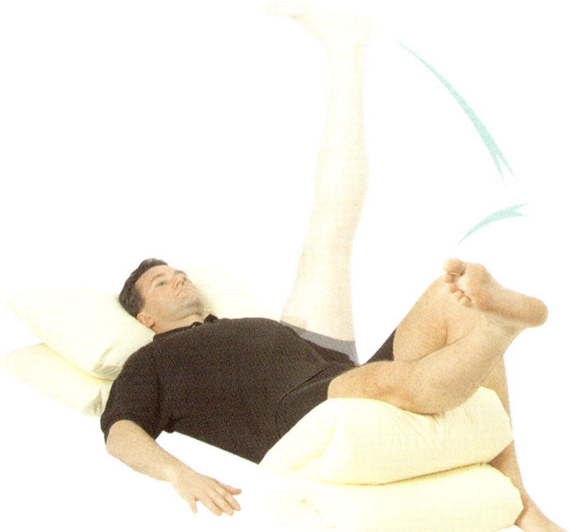

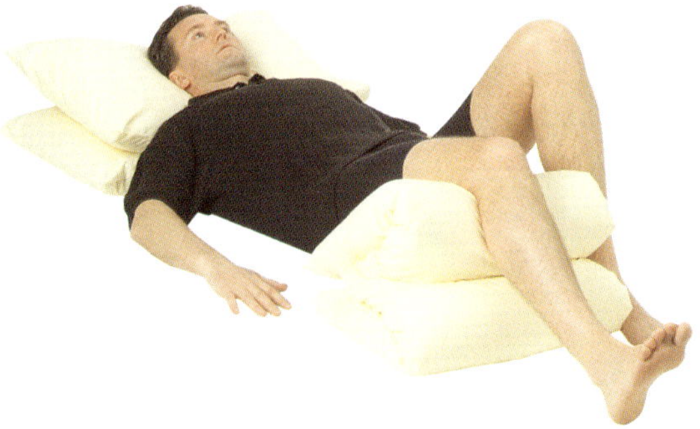

◀ 4の動き

脚をクッションにもどし、内側に回して、足首ももどします。ゆっくりと、左右10回ずつ繰り返します。

プリエ

プリエはもちろんバレエからとったエクササイズです。膝《ひざ》を曲げる単純な運動のように見えるかもしれませんが、正確に行えば実は複雑な運動です。脚の筋肉を正しく使うことに集中するため、最初は脚だけから始めましょう。背中をまっすぐに伸ばすようにします。後から腕の動きを加えます。

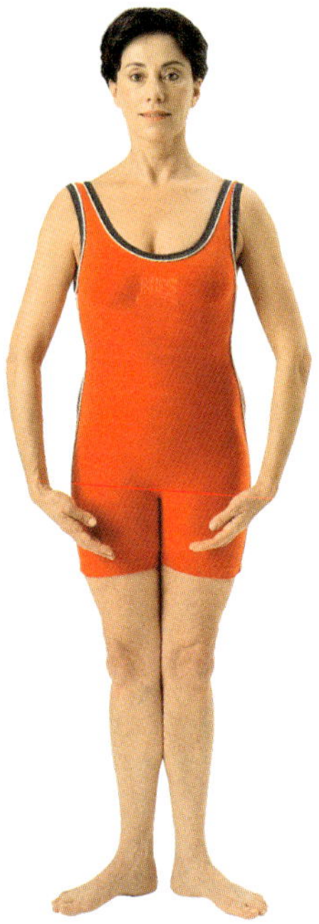

プリエ第1ポジション

▶ 1の動き

まっすぐに立って、腿《もも》の筋肉を引き上げます。背骨をのばして、おへそを意識します。大臀筋の底を軽くあわせます。首を長くして、頭を正しい位置で支えます。肘《ひじ》のカーブを保ち、かかとをあわせ、腿《もも》の付け根から脚全体を外に向けます。

◀ 2の動き

息を吐きながら、かかとが床から離れないようにして、膝《ひざ》を曲げます。膝《ひざ》は足の向きと同じ方向に向けます。もし内側に倒れたり、外側にねじれてしまうときは、足の角度を狭くして行いましょう。同時に、腕を広げます。

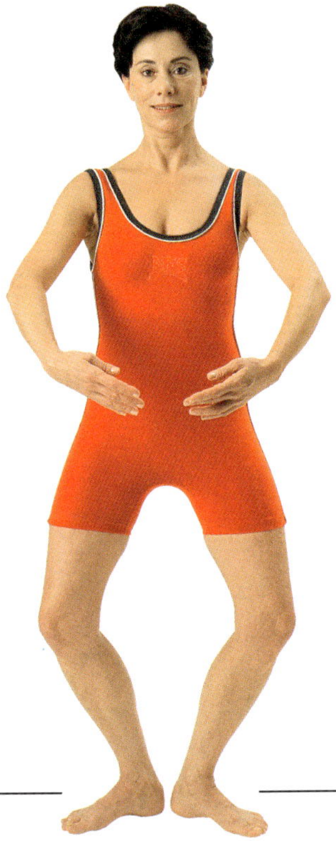

▶ 3の動き

息を吸いながら腕と脚を同時に動かします。腕は体の前方で円をつくります。膝《ひざ》の向きを変えずに、内腿《もも》からゆっくりと伸び上がっていきます。10回繰り返しましょう。

まっすぐに

■かかとは床につけたままです。

■脊椎《せきつい》はまっすぐにしておきます。曲げたり、前に傾いたり、肩を丸めたりしてはいけません。もし、どれかに当てはまるのであれば、足が外に向きすぎているはずです。Vの字の幅を狭くしましょう。

■腹筋をに力をいれたままで行います。

■肩を緊張させてはいけません。

プリエ第2ポジション

◀ 1の動き

足幅を30センチくらいにし、膝《ひさ》と足もとを同じ向きにして立ちます。第1ポジションのときと同じように、胴体を正しい姿勢にします。両手の間は「第1ポジション」のときよりも離しておきます。

▶ 2の動き

骨盤を正面に向けたまま、膝《ひさ》を曲げます。内腿《もも》の筋肉が内側から外にまわるように意識しながら行ってください。背中が前屈みになったり、丸くなったり、また膝《ひさ》が足の内側に下りたりするときは、足の位置を調節しましょう。

◀ 3の動き

膝《ひさ》を曲げながら、同時に両腕を体の脇《わき》から天井の方へ広げます。手のひらを正面を向けて上げ始め、肩の高さにきたら、床の方に向けます。肩に力が入って、首が縮まないようにしてください。膝《ひさ》を伸ばし始めるときは、両腿《もも》の筋肉を中心に集めるつもりで、膝《ひさ》の向きを変えずに伸ばします。腕は同時に体の横を通って、1の動きのポジションにもどします。10回繰り返しましょう。

大腿四頭筋ストレッチ

このエクササイズでは、テーブルやキッチンの料理台などが必要です。体重をかけられるように頑丈で、脚を軽く曲げて床につく高さのものを用意しましょう。

簡単ですか？

このエクササイズを簡単だと感じる場合は、丸めたタオルを膝《ひざ》の少し上にはさみ、難しくしましょう。手でかかとを持つのが難しいときは、輪にしたタオルを使います。

◀ 1の動き

テーブルなどの上に顔をふせて寝ます。右脚をテーブルにのせ、左脚は軽く膝《ひざ》を曲げて、足の裏を床につけます。腕の上に顔をのせます。

▲2の動き

息を吸って、吐きながら、お尻《しり》の筋肉を意識します。ゆっくりかかとを上げ、お尻《しり》に近づけます。後ろ手に足を持ち、かかとをやさしく引っぱります。数秒間、このポジションを保ちます。息を吸って、足をもどします。左右10回ずつ行いましょう。

ハムストリングストレッチ

ハムストリングのストレッチをさらに進めます。長時間座っていた場合などにハムストリングをほぐすためには、定期的にストレッチ運動を行わなければいけません。

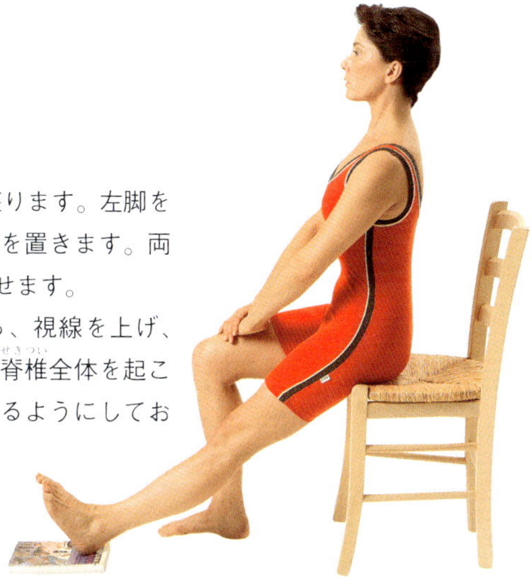

▶ 1の動き

膝《ひざ》を90度に曲げて、椅子《いす》に座ります。左脚を伸ばし、かかとの下に厚い本を置きます。両手は右膝《ひざ》の少し上にそっとのせます。
息を深く吸って、吐きながら、視線を上げ、身体をやや後ろにそらして、脊椎《せきつい》全体を起こします。脊椎《せきつい》、首、頭が連なるようにしておきます。

▲▶ 2の動きと3の動き

背中、首、頭の連なりを崩さずに、息を吐いて、上半身を前に傾けます。腰の軸を中心に身体を回して、上半身が右脚にかぶさるように伸ばし、ハムストリングが伸びるのを感じます。そのまま、しばらくハムストリングを伸ばします。息を吸って上半身を丸くし、脚に近づけながら息を吐きます。骨盤から脊椎《せきつい》にかけて筋肉がかすかに震えるのを感じながら、身体を上げ、1の動きにもどします。左右10回ずつ行います。

腹筋運動上級

ピラーティス法では、基本として、お腹《なか》の筋肉に軽く、かつしっかりと力をいれることを指導します。この上級の斜めストレッチとサイドストレッチは、腹筋がどれほど強くなったかを試すエクササイズです。負担が大きすぎる場合は、お腹《なか》と背中に過度の圧力がかかり、腹筋が膨らむのでわかるはずです。そうなったときは、すぐに中止してください。最初はやさしく、1、2回行います。ピラーティスの目的は、負担と痛みではないことを忘れてはいけません。

気をつけて！

これは、かなり力のいるエクササイズです。あまり長い間、上げたままにするのはやめましょう。どこかに負担を感じたら、すぐに中止します。背中と腹筋だけでなく、首と肩も緊張してないことを確認します。壁に背中をつけて行えば、正しいポジションをとりやすくなります。

サイドストレッチ（脇《わき》をのばす運動）

▶ 1の動き

横向きに寝て、左脚を曲げ、右脚は完全にのばします。右足を家具にかけるか、パートナーに持ってもらいます。右腕は身体にそわせてのばし、左肘《ひし》を曲げ、左手を軽く肩にあてます。

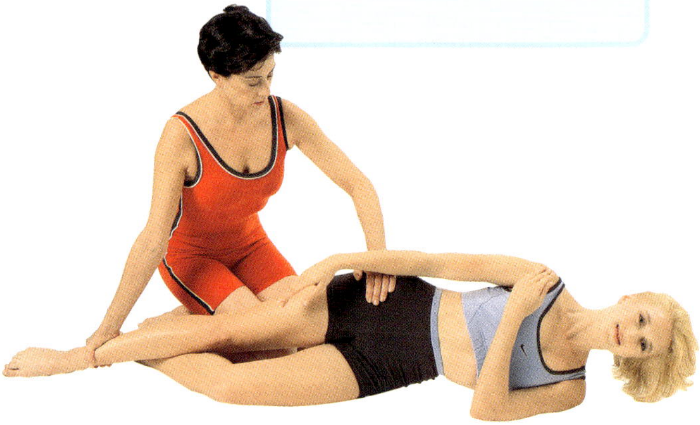

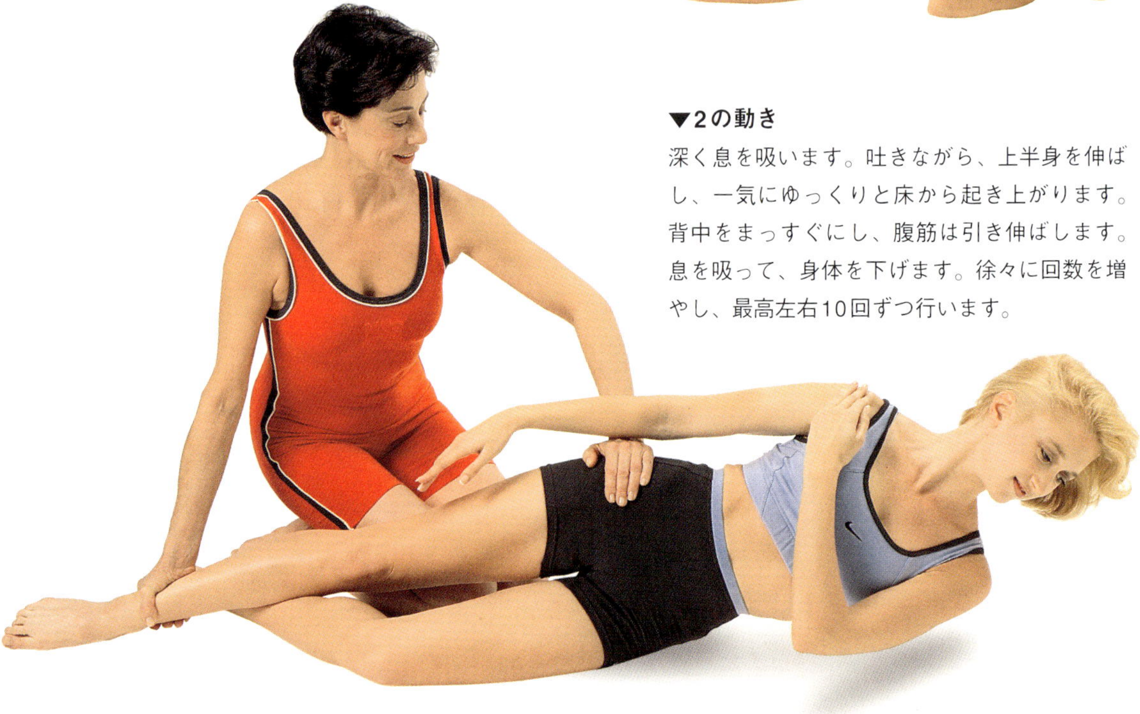

▼2の動き

深く息を吸います。吐きながら、上半身を伸ばし、一気にゆっくりと床から起き上がります。背中をまっすぐにし、腹筋は引き伸ばします。息を吸って、身体を下げます。徐々に回数を増やし、最高左右10回ずつ行います。

腹筋運動最上級

◀ 1の動き

床に座り、両脚を前にのばします。足の間を少しあけ、足首は曲げます。肩をリラックスさせ、背筋をのばします。両手で棒か丸めたタオルを持ち、腕を頭の上に上げます。肩を上げてはいけません。

▲2の動き

息を吸って、吐きながら、おへそを背骨に引きよせ、背中を後ろに倒していきます。同時に腕も前に下ろしていきます。

腕は棒が腿《もも》につくまで下げ、背中は脊椎《せきつい》から首にかけてカーブをつくるように下げ、頭をやや落とします。

▶ 3の動き

息を吸って、吐きながら、2の動きのまま、棒をできるだけ上げます。できれば頭の上までもどします。棒をまた腿《もも》まで下げ、息を吸って、上体を起こし、1の動きにもどします。最高4回まで繰り返します。

筋肉をほぐす　ファイナル

クッションスクイーズの最終段階です。かなりハードです。この時点で疲れているようであれば、レベル1かレベル2のクッションスクイーズ（参照→P.76、101）を行いましょう。

ニースクイーズ（膝《ひざ》を締める運動）

首と肩に力をいれないようにします。リラックスさせたまま、エクササイズを行います。

▶ 1の動き

両膝《ひざ》を立て、固いクッションをはさんで、仰向《あおむ》けに寝ます。手は身体の横に下ろします。

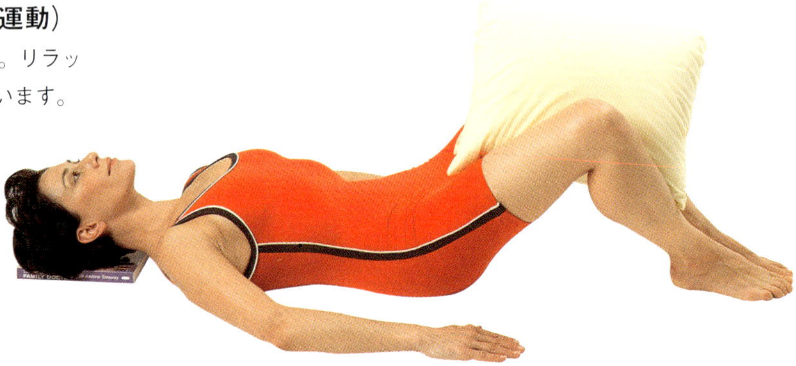

◀ 2の動き

息を吸って、吐きながら、おへそを背骨に引きよせ、クッションを膝《ひざ》の内側ではさみつけます。

▶ 3の動き

締めながら、頭を起こし、続いて肩も床から離します。できれば、同時に腕も少し上げます。
息を吸って、ゆっくり身体を下ろします。最高5回まで繰り返しましょう。

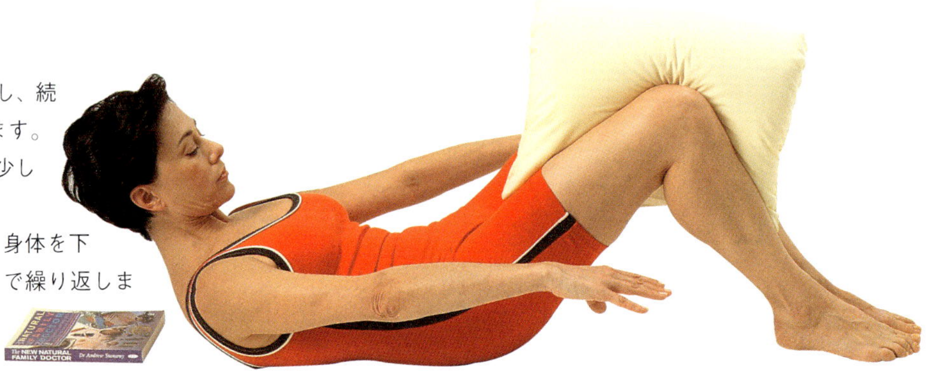

足を使ったクッションスクイーズ

脚と腹筋の意識をを再確認してください。背中、首、肩に力をいれてはいけません。

▼1の動き

仰向《あおむ》けに寝て、脚はまっすぐのばしておきます。腕は身体の横に下ろします。

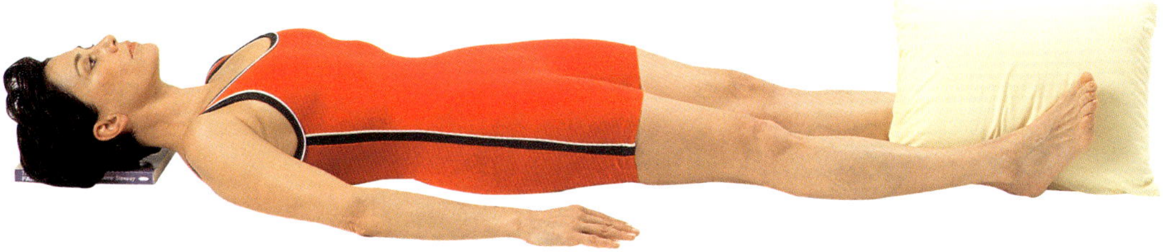

▼2の動き

息を吸って、吐きながら、おへそを背骨に引きよせ、足でクッションを締めつけます。

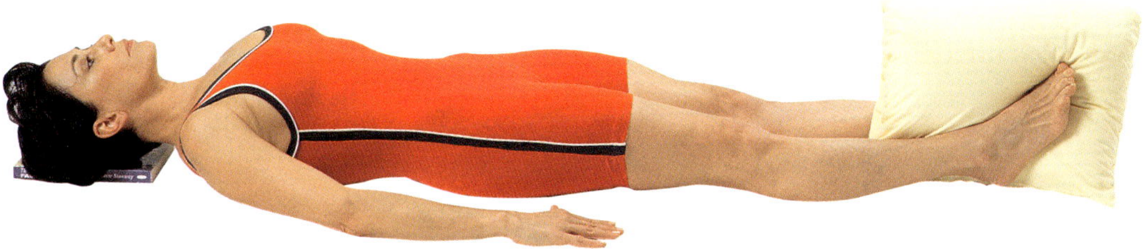

▼3の動き

できれば、クッションを締めながら、頭を床から起こしましょう。息を吸って、下ろします。最高5回まで繰り返します。

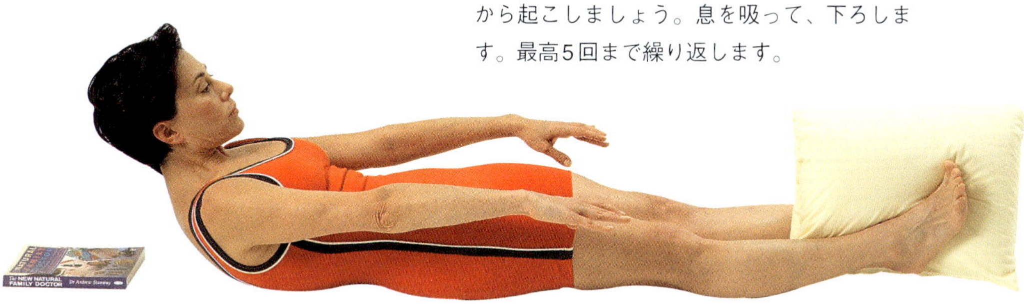

付録

ピラーティス法の基本ルール

■ウォームアップから始めます。

■時間をかけて！　ゆっくりであればあるほど、効果があがります。

■呼吸にあわせましょう。

■息を吐きながら身体を動かします。

■マントラを忘れずに。息を吸って、吐きながら、おへそを背骨に引きよせます。

■つねに姿勢を確認します。

■自分の身体が何をしているのかをいつも意識しておきます。

■ゆっくり腹筋を鍛えていきます。エクササイズの途中で、くぼむはずの腹筋が膨らんだら、すぐに中止！

■腕と肩を動かすときは、肩からではなく、広背筋と僧帽筋から動かします。

■繰り返す回数は指示に従います。大切なのは、数ではなく質です。

■ピラーティスエクササイズは定期的に行いましょう。1日おきに行うのが理想です。

■あきらめてはいけません。続ければ、優雅でバランスのとれた身体があなたのものになります。

用語の説明

筋肉の名前と働き

腹筋グループは思った以上に広い範囲にあり、下は恥骨までを指します。中心となる筋肉（腹直筋）はお腹《なか》の前部一帯にあり、ピラーティスのマントラの「おへそを背骨に引きよせる」部分にあたります。

●**腹斜筋**は左右に身体を動かします。

●**腹直筋**は前に身体を曲げます。

●**腹横筋**は内臓を守ります。たとえば、おへそを背骨に引きよせるとき、お腹《なか》の内臓を支えています。

●**上腕二頭筋**は上腕の前にあり、腕を曲げ、手を外向きに回します。

●**デルトイド（三角筋）**は肩と上腕の上部にあり、腕を上下に動かしたり、横に伸ばしたりします。

●**大臀筋**はお尻《しり》の中心となる筋肉で、姿勢を良くするために大切な働きをします。ピラーティスのセントラル・ガードル（胴体の筋群）のひとつで、しっかりしてなければいけません。ほかの筋肉と同時に働かせて、良い姿勢をつくるのが理想です。

●**ハムストリング**は腿《もも》の後ろに広がっています。膝《ひざ》を曲げ、骨盤を支えます。ハムストリングが固いと、下背部に負担がかかります。

●**広背筋**は肩甲骨の下にある筋肉で、肩甲骨から骨盤まで広がっています。広背筋は肩甲骨を支え、下向きに引く働きをします。広背筋を下げれば、脊椎《せきつい》が伸び、腕が良く動くようになり、姿勢が正しくなります。

●**大腿四頭筋**は腿《もも》の前にある筋肉です。脚を曲げたり、伸ばしたり、前に上げたり、また腿《もも》を収縮したり、歩くときに膝《ひざ》を曲げたりします。

●**胸骨**はろっ骨をつないでいる骨です。

●**僧帽筋**は肩から首の後ろまで広がっています。上背部と腕を支えています。その部分は凝りがたまり、とても固くなっていることがあります。ピラーティス法では、肩の凝りをほぐすのに、大抵、僧帽筋と広背筋を使います。

●**上腕三頭筋**は上腕の後ろ側にある筋肉で、腕をまっすぐに伸ばします。

ほかの用語の説明

●**一気に：**たとえば、「両腕を一気に後ろに動かします」という場合、優雅に、またスムーズに、1回の動作で行うという意味です。

●**おへそを背骨に引きよせる：**ピラーティス法でいつも繰り返す言葉です。この動作は、おへそが最初に動いて腹筋を長く引き伸ばし、その結果、骨盤の傾斜が自然の位置に正しく起き上がります。背骨のカーブが伸長して、頭が正しい位置となります。正しく行えているかどうか不安な場合は、鏡の前で横向きに立って、姿勢の変化を見ながら、練習しましょう。

●**首を長くする：**背骨が正しい姿勢となれば、自然に肩がおりて、首が長くなります。

●**ニュートラル・スパイン：**腰椎《ようつい》の自然なカーブを意味します。

問合せ先・資料

ピラーティススタジオ

Pilates Foundation UK Ltd
80 Camden Road
London E17 7NF
Tel/Fax 07071 781859

Alan Herdman Studios
17 Homer Row
London
W1H 1HU
Tel: 0171 723 9953

Edinburgh Pilates Centre
45a George Street
Edinburgh
EH2 2HT
Tel: 0131 226 1815

BODYWORKS
〒158-0082
東京都世田谷区等々力5-11-24
Tel & Fax: 03 5706 7339

ピラーティスインストラクター

Jane Paterson
Melbourne House
58 Acre End Street
Eynsham
Oxon
OX8 1PD
Tel: 01865 882927

ピラーティスの器具

Balanced Body
A Current Concepts Company
Suite 23
7500 14th Avenue
Sacramento
California 95820
USA
Tel: 001 916 454 2838
Fax: 001 916 454 3120
Website: www.balancedbody.com
e-mail: info@balancedbody.com

謝辞

著者からの感謝のことば

モデルのカロン・ボスラー、ノエリン・ジョージ、マーティン・ガーナーに、ヘア&メークアップ・アシスタントのリチャード・バーンズに、まえがきを書いてくださったオナー・ブラックマンに、アランの最初のインストラクター、ロバート・フィッツジェラルドとカローラ・トリアに、理学療法のアドバイスをくださったシャーリー・ハンコックに、スタジオの章で使用したピラーティスの器具を用意してくださったカリフォルニアのバランスド・ボディ社に、著者、アラン・ハードマンとアンナ・セルビーから感謝申し上げます。

出版社からの感謝のことば

ガイア・ブックスは、索引の作成と編集アシスタント、メアリー・ウォーリンとスー・ハーパーに、また指導してくださったピップ・モーガン、マット運動のインストラクションをしてくださったアン・クラウザーにお礼申し上げます。

索引

産調出版の本

暮らしの中のピラーティス
忙しい人でも手軽にできる
シンプルなエクササイズ

アラン・ハードマン著
橋本佳子監訳

場所や時間を問わずに行えて、身体を美しく健康にし、ストレスを減らしてくれる、手軽なエクササイズ――ピラーティスを誰にでも無理なく始められるよう連続写真とわかりやすい解説で紹介。

本体価格1,600円

ピラーティスをベースとした
強くしなやかな身体をつくる本

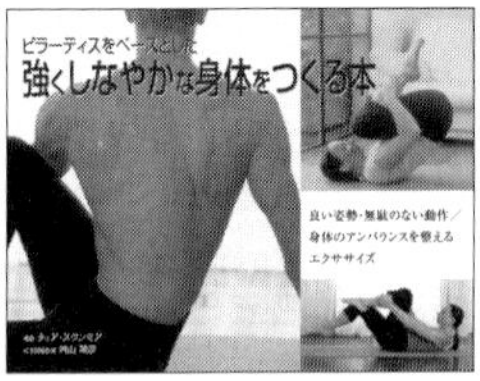

良い姿勢・無駄のない動作／
身体のアンバランスを整える
エクササイズ

ティア・スタンモア著
内山陽彦 日本語版監修

ピラーティスを基本としたエクササイズで、深層部の筋肉を強くしなやかにし、腰痛、首の痛みや筋肉のコリを解消します。

本体価格2,620円

ヨーガ 本質と実践
心とからだと魂のバランスを
保ち自然治癒力を高める

シヴァーナンダ・ヨーガ・センター 編

わかりやすい指示と信頼できる教義解説で、時代を超えたヨーガの行法のすべてがわかります。どなたにも刺激になる1冊です。

本体価格3,233円

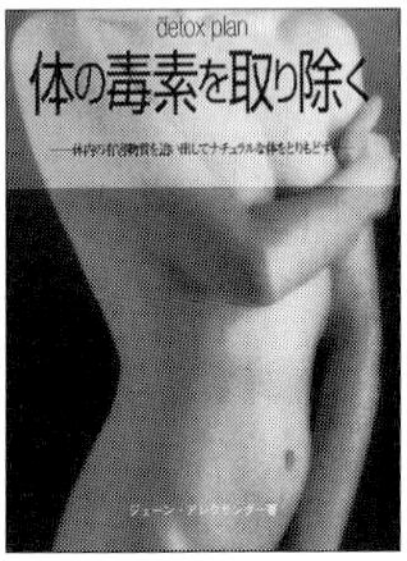

体の毒素を取り除く
体内の有害物質を
追い出してナチュラルな
体を取り戻す

ジェーン・アレクサンダー著

日常の暮らしに潜む有害物質やマイナスの感情から体を守るための、週末2日間または30日間のデトックス（解毒）・プログラムを紹介。

本体価格2,800円

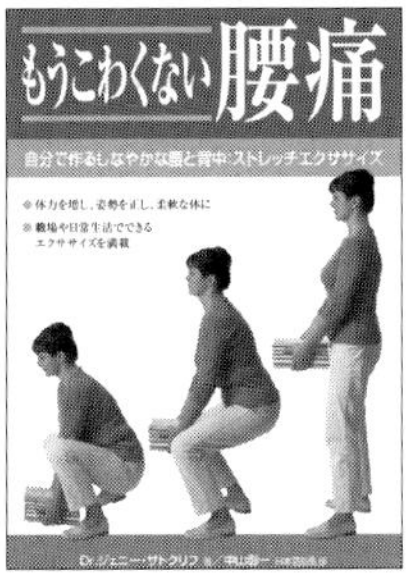

もうこわくない腰痛
自分でつくる
しなやかな腰と背中

ジェニー・サトクリフ 著
中山 彰一 日本語版監修

現代人の多くが抱える腰痛や背中痛に、どう対処したらいいのか、多くのカラー写真と共にていねいにアドバイスします。自分の腰を生涯、健康に保つための、さまざまな無理のないエクササイズを紹介。

本体価格1,800円

クイック・リフレクソロジー
忙しい人のための
シンプル&コンパクトガイド

アン・ギランダース著

いつでも、どこでも、リフレクソロジーの癒しの力で、身体と心のバランスを整え、さまざまなストレスや病気を乗り切るためのユニークで実践的なマニュアルを紹介。

本体価格1,600円

Pilates
ピラーティス

発　　行　初版第1刷　2000年9月20日
　　　　　初版第2刷　2003年8月20日
本体価格　2,800円
発 行 者　平野　陽三
発 行 所　産調出版株式会社
　　　　　〒169-0074 東京都新宿区北新宿3-14-8
ご 注 文　TEL.03(3366)1748　FAX.03(3366)3503
問 合 せ　TEL.03(3363)9221　FAX.03(3366)3503
　　　　　http://www.gaiajapan.co.jp

著　者：アンナ・セルビー（Anna Selby）
　　　　アラン・ハードマン（Alan Herdman）

監訳者：橋本佳子（はしもと よしこ）
　　　　ダレン・ヒンドリー（Darren Hindley）

翻訳者：吉井知代子（よしい ちよこ）
1967年生まれ。大阪市立大学文学部卒業。訳書に『ひみつのパーティーはじまるよ』（文渓堂）、『もうこわくない腰痛』（産調出版）など。

Copyright SUNCHOH SHUPPAN INC. JAPAN2000

ISBN 4-88282-232-6 C0075
落丁本・乱丁本はお取り替えいたします。

本書を許可なく複製することは、かたくお断わりします。

Printed and bound in Singapore